JN076732

［新版］

子どもが伸びる ポジティブ通知表 所見文例集

小学校**2**年

知識・技能

思考・判断・表現

主体的に学習に取り組む態度

小川 拓 編

学事出版

はじめに

　2020年4月に小学校で改訂学習指導要領が全面実施されてから、3年近くが過ぎました。高学年での「外国語」の導入、「外国語活動」の中学年への前倒し、「主体的・対話的で深い学び」等への対応に追われる一方、2020年初頭から始まったコロナ禍への対応等で、現場の先生方は大変な思いをされてきたことと思います。

　今般の改訂で、子供たちに育むべき力が「知識及び技能」「思考力、判断力、表現力等」「学びに向かう力、人間性等」の「資質・能力の三つの柱」に整理され、「評価」の方法も大きく変わりました。具体的に、これまで4観点だった評価規準が3観点に整理され、指導要録の作成、さらには通知表の作成も、この「資質・能力の三つの柱」に基づいて行われることになりました。この新しい評価をどう進めていけばよいのか、いまだに頭を悩ませている先生方もいることでしょう。その基本的な考え方を本書の「PART 1　解説 現行学習指導要領における学習評価と所見」（P.9～）にまとめましたので、参考になさってください。

　もう一つ、見逃してはいけないのは、通知表の所見欄の記述方法です。通知表に書く所見文は、当然のことながら形成的評価、総括的評価等と整合性が取れていなければなりません。つまり、所見文も新しい評価規準である「知識・技能」「思考・判断・表現」「主体的に学習に取り組む態度」の3観点に準じる形で、書いていく必要があるのです。

　そうした観点から、学年別の模範文例を収録した『子どもが伸びるポジティブ通知表所見文例集』を2020年4月に刊行しましたが、それからの3年間で学校を取り巻く状況は大きく変わりました。「GIGAスクール構想」の推進で1人1台端末が配備され、ICTを活用した授業が多くの教科で展開されるようになりました。また、新型コロナウイルスの拡大防止のため、いまだ多くの学習活動が制限を受けています。

　そうした状況を受け、今回前掲書籍をリニューアルし、『新版 子どもが伸びるポジティブ通知表所見文例集』を刊行することとなりました。前回版から収録文例数も増え、「ICTの活用」や「感染症拡大防止」等の新たな課題にも対応しています。

　前回版と同じく、「PART 2　通知表・指導要録の「総合所見」で使える文例」（P.19～）は、「行動特性」に関する文例と「学習面の特性」に関する文例が収録されています。「行動特性」の文例は、「基本的な生活習慣」「健康・体力の向上」等、指導要録の「行動の記録」の10項目に沿って収録されており、「学習面の特性」の文例は上述した「3観点」に沿って収録されています。つまり、「行動特性」の文例と「学習面の特性」の文例を組み合わせて記述すれば、指導要録にも転用できる、バランスの取れた総合所見文が出来上がります。

　学校現場が大変な状況にある中、本書の活用を通じて各先生が児童と共に過ごす時間が少しでも増え、評価の充実と子どもたちの健やかな成長に寄与することを願っております。

2023年1月

小川　拓

本書の使い方

 総合所見の作成方法 |||||||||||||||||||||||||||||||||

通知表の総合所見は、子どもの**行動面の特性**と**学習面の特性**の両方を入れると、バランスの取れた内容になります。そのために、本書は次のような流れでご使用ください。

STEP1 ▶「行動面の特性」に関わる文例を選ぶ

PART2 の「1 ポジティブな行動特性」（P20〜52）または「2 ネガティブな行動特性」（P53〜63）の中から1文を選びます。

1 ポジティブな行動特性（P20〜52）

1 「ポジティブな行動特性」に関わる文例
(1)「**基本的な生活習慣**」が身に付いている児童の所見文

主な行動特性	あいさつができる／整理整頓ができる／手洗い・うがいをする／時間を意識して行動／丁寧な言葉遣い／早寝・早起き・朝ごはん／連絡帳を丁寧に書く／忘れ物がない／落ち着いた態度／決まりや約束事を守る／姿勢が良い／聞く態度が良い

いつでも大きな声で元気良くあいさつをす ~~ることができます。相手か~~ **この文例を選択** あいさつをされるよりも先にすすんであい~~さつができるように~~ となっています。

チャイム着席が身に付いています。休み時間の間に次の授業の準備をしているため、落ち着いて授業に臨むことができます。次のことを考えて行動できるのは、大変素晴らしいことです。

毎朝、教室に入って来たときに元気にあいさつをすることが習慣化され、気持ち良く学校生活をスタートできています。友達にもあいさつをする

2 ネガティブな行動特性（P53〜63）

2 「ネガティブな行動特性」に関わる文例
(1)「**基本的な生活習慣**」が身に付いていない児童の所見文

チャイムが鳴って授業が終わると、すぐに気持ちを切り替えて次の授業の準備に取り掛かることができるようになってきました。声掛けされなくても自分からできるようになってきています。

忘れ物をする日が続き、学習に集中できないことがありました。準備をしっかりとする習慣が身に付けば、落ち着いて学習に取り組むことができます。学校でも声を掛けていきます。

給食の時間は、食べる時間が間に合わないこともありましたが、少しずつ間に合うようになってきました。嫌いなものでもチャレンジして食べようとすることができるなど、成長を感じました。

以前は、次の授業の準備をするのが苦手でしたが、今では、チャイムが鳴って授業が終わると、すぐに気持ちを切り替えて次の授業の準備に取

STEP2 ▶「学習面の特性」に関わる文例を選ぶ

PART2 の「3 学習面の特性」（P64〜100）から1文を選びます。

3 学習面の特性（P64〜100）

3 「学習面の特性」に関わる文例
(1)**国語に関わる**所見文

◆「**知識・技能**」に関わる文例

特性キーワード	句読点の打ち方を理解／かぎの使い方・語と下位語を理解／擬声語・擬態語を ~~理解~~

この文例を選択

教材「声のものさしをつかおう」で、音節と文字の関係やアクセントによる語の意味の違いに気付き、アクセントの違う言葉を集めて、意味の違う文を作ることができました。

教材「えいっ」で、言葉には事物の内容や経験したことを伝える働きがあることと、前の文章と後ろの文章をつなぐ**接続助詞**の働きが理解できました。接続助詞を用いた文章を書くこともできました。

説明文「すみれとあり」では、文中の主語と述語との関係に注意し、すみれとありの変化や行動に注意しながら、その関わりをノートに書いて説明することができました。

チャイム着席が身に付いています。休み時間の間に次の授業の準備をしているため、落ち着いて授業に臨むことができます。次のことを考えて行動できるのは、大変素晴らしいことです。

84文字

＋

教材「声のものさしをつかおう」で、音節と文字の関係やアクセントによる語の意味の違いに気付き、アクセントの違う言葉を集めて、意味の違う文を作ることができました。

79文字

＝

163文字

STEP3 ▶所見文の完成

本書に収録された文例は全て 71〜90 字なので、2 文を組み合わせることで 142〜180 字の総合所見が完成します。

「特別の教科 道徳」の所見の作成方法 ||||||||||||||||

「特別の教科 道徳」の所見は、P102 〜 106 の文例から 1 文を選ぶだけです。

「特別の教科 道徳」の文例

特性キーワード：相手の気持ちを考えて行動／感謝の気持ちをもつ／物を大事にする／困っている友達を助ける／公共の物を大切にする／周りの人に迷惑をかけない／時と場に応じたあいさつ／命を大切にする／働くことの意味を理解／美しいものに感動

「とびつくカエル」の学習では、失敗してもすぐに諦めずにコツコツと努力することが大切なんだと、主人公に自分の気持ちを重ねて考えることができました。

「およげないりすさん」の学習では、「りすさんが笑顔になれてうれしいよ、もう仲間外れはしないよ」と記述し、友達の気持ちを考えることの大切さについて意欲的に学ぶことができました。

「ぐみの木と小鳥」の学習では、りすに対する思いを話し合い、「みんなと仲良くする」と記述することができました。自分の行動を振り返り、

「ぽんたとかんた」の学習では、「危ないから、かんたに注意しよう」と記述し、良いことと悪いことを区別し、自分が良いと思うことをすすんで行おうという考えに気付くことができました。

「きゅう食当番」の学習では、自分の経験に照らし合わせて、登場人物の考え方に共感しつつ、困っている友達を助けようとすることの大切さについて、自分の考えをまとめることができました。

この文例を選択

「みんなのものって？」の学習では、「みんなが使うボールだから、かわりに片付けた方がよい」と記述し、みんなの物を大切にしようという考えを深めることができました。

「お月さまとコロ」の学習では、コロの気持ちを学級のみんなで話し合い、「自分にうそをつかないで素直に伸び伸びと生活すれば、明るくなれる」

 本書の特長 |||||||||||||||||||||||||||||||||||||||

特長① 各カテゴリーの冒頭に**特性キーワード**を掲載しているので、これを手掛かりに文例を探せます。

1 「ポジティブな行動特性」に関わる文例
（1）「基本的な生活習慣」が身に付いている児童の所見文

主な行動特性：あいさつができる／整理整頓ができる／手洗い・うがいをする／時間を意識して行動／丁寧な言葉遣い／早寝・早起き・朝ごはん／連絡帳を丁寧に書く／忘れ物がない／落ち着いた態度／決まりや約束事を守る／姿勢が良い／聞く態度が良い

いつでも大きな声で元気良くあいさつをしています。あいさつをされるよりも先にすすんであいさつとなっています。　**特性キーワード**

チャイム着席が身に付いています。休み時間の間に次の授業の準備をしているため、落ち着いて授業に臨むことができます。次のことを考えて行動できるのは、大変素晴らしいことです。

毎朝、教室に入って来たときに元気にあいさつをすることが習慣化され、気持ち良く学校生活をスタートできています。友達にもあいさつをする

特長② 網掛けの文例は、**ネガティブな特性**について書かれた文例です。文章自体は、ポジティブな視点から前向きに書かれています。

「音づくりフレンズ」では、はさみ、木工用接着剤、テープなどの扱いに慣れていました。音が鳴る材料や仕組みから、大好きなカメの形を思い付き、形や色の工夫ができました。

「いっぱいうつし」　**ネガティブ特性に基づく文例**　もって取り組めま　良さに気付き、日

「ふしぎないきものあらわれた」では当初、白で描くことに戸惑いがあったようでした。絵の具を使い始めて、クレヨンが水をはじく面白さに気付き、絵の具を何度も重ねて楽しんでいました。

「ともだちハウス」では、材料の組み合わせと接着の仕方をアドバイスしたところ、自分でのりしろを工夫して、かっこいいタワーを作りました。タワーが立ち、うれしそうな姿が印象的でした。

特長③ 学年別の文例集のため、**各学年の教材・単元名**などが文例に盛り込まれています。（教科書が異なる場合等は、教材名を置き換えてご使用ください。）

2年生の教材名
（教科書が異なる場合は置き換え）

教材「声のものさしをつかおう」で、音節と文字の関係やアクセントによる語の意味の違いに気付き、アクセントの違う言葉を集めて、意味の違う文を作ることができました。

特長④ 本書には**索引**（P107〜）が付いています。児童の活動内容（あいさつ、着替えなど）活動場面（朝の会、休み時間、遠足など）、学習内容（たし算、マット運動、鉄棒など）から検索できるので、児童について思い出せる場面をもとに、文例を探すことができます。

目 次

PART 1

解説　現行学習指導要領における学習評価と所見

PART 2

通知表・指導要録の「総合所見」で使える文例

1 「ポジティブな行動特性」に関わる文例

2 「ネガティブな行動特性」に関わる文例

PART 3 「特別の教科 道徳」の所見で使える文例

解説
現行学習指導要領
における
学習評価と所見

●

このPARTでは、2020年4月から全面実施された現行学習指導要領における学習評価と所見について、基本的な事柄を解説していきます。

CONTENTS

解説 1

現行学習指導要領における学習評価

小川 拓（共栄大学准教授）

1 学習評価の前に

　適切な評価をするためには、子供たちをよく見ておかなければいけません。テストの結果だけで成績を付けることができるのは、一部分です。適切な評価ができる教師は、良い授業も行っているはずです。単元目標などをしっかりと見据え、児童の実態に合わせた適切な計画・指導が行われていなければ、どこで評価するかも分からず、適切な評価ができるわけがありません。良い教師は、日々の形成的評価の中で児童の実態を把握し、様々な手段を使い「個別最適な学び」を創出していきます。形成的な評価の積み重ねがあってこそ、総括的な評価が生まれ、通知表や指導要録の文言につながっていくのです。

　通知表や指導要録の文言は、最終的な成績に対する文言でなくても構いません。子供たちの努力や経過、取組を書くこともできます。その際には形成的な評価と個別最適な学びを提供する教師の知識や分析力、指導技術が重要となってきます。

　子供たちを「よく見る」とは、適切に子供を褒められるということにつながります。「褒める教師」は、適切な評価ができると言っても過言ではありません。子供たちの悪いところは黙っていても目につきます。しかし良いところは、褒めてあげようという姿勢がなければ見つけることができません。そのため、いつ何時も子供たちを褒めてあ

げようという気持ちを持つことが大事なのです。イメージとしては、子供を褒めるスイッチを「ON」にしたまま子供たちと接するのです。その都度、「ON」にするのではありません。四六時中、「ON」にしたままにするのです。そのような姿勢が「子供たちを見る視点」を高めていきます。

2 現行学習指導要領における学習評価

　現行学習指導要領（2017年告示）において、各教科等の目標や内容は、教育課程全体を通して育成を目指す「資質・能力の三つの柱」に基づいて再整理されています。

> ア「何を理解しているか、何ができるか」（知識及び技能）
> イ「理解していること・できることをどう使うか」（思考力、判断力、表現力等）
> ウ「どのように社会・世界と関わり、よりよい人生を送るか」（学びに向かう力、人間性等）

　学習評価もこの「資質・能力の三つの柱」に準じて行われていることはご理解いただいているところだと思います。

　このうち「学びに向かう力、人間性等」については、「①『主体的に学習に取り組む態度』として観点別評価（学習状況を分析

的に捉える）を通じて見取ることができる部分と、②観点別評価や評定にはなじまず、こうした評価では示しきれないことから個人内評価（個人のよい点や可能性、進歩の状況について評価する）を通じて見取る部分があることに留意する必要がある」（中央教育審議会答申2016年12月）とのことから、観点別学習状況の評価（評定）については、以下の３観点で行われます。

①知識・技能
②思考・判断・表現
③主体的に学習に取り組む態度

通知表の所見欄についても、学習面の記載はこれら３観点から見て、「優れている部分」や「課題のある部分」を記述していくことによって、評定との連動性が図られることになります。

また、基本的な方向性も示されています。

①児童生徒の学習改善につながるものにしていくこと。
②教師の指導改善につながるものにしていくこと。
③これまで慣行として行われてきたことでも、必要性・妥当性が認められないものは見直していくこと。

上記も踏まえながら幅広く、教育効果を高めるようにしながら学習評価に取り組んでいく必要があります。

難しそうに聞こえますが、子供たちのために資質・能力を高めていくことを第一に考えながら教育活動を行っていれば、普通のことかもしれません。

３ 評価規準と評価基準を明確化し、公正な評価を

人が人を評価するというのは非常に難し

いことです。自分の感覚だけで評価を行うと「いいかげん」な評価になってしまったり、「学習内容（活動）」の評価から大きくかけ離れた評価になってしまったりします。

そのために、「評価規準」と「評価基準」を設定する必要があります。どちらも「きじゅん」と読むために二つを混同してしまう先生も多いようです。簡単に説明すると、

「評価規準」⇒手本
「評価基準」⇒ものさし

となります。

「評価規準」は手本ですから、この単元（授業）でこのような児童に育ってもらいたいという姿になります。「単元目標」や「本時の目標」と表現は異なりますが、非常に近いものになります。

「評価基準」は、評価をする際の「ものさし」ですので、「Ａ：たいへんよい」「Ｂ：よい」「Ｃ：もう少し」のような形で設定されます（通知表）。文章で表現され、観点の内容によっては、点数で表現されることもあります（指導要録と通知表では文言は異なりますが、考え方は同じです）。

「Ｂ」を基準にして、それ以上を「Ａ」それ以下を「Ｃ」とするような考え方もあります。また、「Ａ」と「Ｃ」を明確に示し、「Ｃ」と「Ａ」の間を「Ｂ」とするような場合もあります。

実際に評価を行っていく際には、そうして設定された「評価基準」を参考にします。評価基準の文言は、文章で書かれていることが多く、そのため、評価「Ａ」と「Ｂ」の境界が、判定しづらいケースもあります。同じような実態の児童であっても、ある先生は「Ａ」、自分は「Ｂ」と評価が分かれてしまうこともあります。そうした状況が起

きると、児童ばかりでなく、保護者の信頼も失いかねません。

そうならないためにも、学校で評価について共通理解を図っておく必要があります。中でも一番大切なのは、学年（または、低中高のブロック）間の共通理解です。補助簿やメモ等を見ながら評価基準に照らし合わせ、学年で話し合い、細かい基準を明確にしていく必要があります。児童のノートやワークシート、作品などを見せ合いながら行うのも有効です。そうした話し合いを通じ、教師間、学級間の評価に対する考え方の差が埋まっていきます。また、若手教員が評価のやり方や考え方を先輩教員に学ぶ場にもなります。児童の作品等を見せ合えば、指導法にも話が及ぶことでしょう。若手にとっては、中堅・ベテランの指導法やちょっとした配慮、裏技的なテクニックやエッセンスを学ぶ良い機会にもなります。

（1）「知識・技能」の面から、所見をどう書くか

「知識・技能」の所見については、ペーパーテストや小テストの累積の結果を文章で書くこともできますが、児童の観察や実験の様子、文章で表した内容等も踏まえて記述していくとよいでしょう。

その際、個別の指導計画やスモールステップの指導等、「個別最適な学び」に向けた指導がポイントになります。通知表の評価は「Ｃ」であったとしても、必ず成長している部分があります。「できなかったものができるようになった」「○○ができるまで、あと一歩まで到達した」など、通知表の「○」印だけでは、読み取ることのできない部分を所見に記すと、児童にも保護者

にも喜ばれる通知表となります。

（2）「思考・判断・表現」の面から、所見をどう書くか

「思考・判断・表現」では、授業内で単に話し合いの場を設けて、その様子を評価すればよいということではありません。文章、図やイラスト、ペアトーク、グループ活動、プレゼンテーション、作品の制作、その他の表現等を総合的に評価していくことになります。その際、観点別評価の評価基準に照らし合わせた上で、評価した部分を所見に記したり、特徴のある児童の様子を記述したりすることもできます。

通知表や指導要録の成績は「絶対評価」ですので、個人内評価の部分を通知表の所見で伝えることができます。また、授業を行う上で、児童が自ら「話し合いたい」「発表したい」「できるようになるための方法を考えたい」等の気持ちが起きるような授業づくりをしていくことも大切です。

（3）「主体的に学習に取り組む態度」の面から、所見をどう書くか

「主体的に学習に取り組む態度」の評価する姿や力については、「挙手の回数」「ノートの文字のきれいさ」「忘れ物」等、その児童の性格的な面やそのときの一時的な行動の様子を評価するものではありません。

「態度」という言葉から、「話を聞く姿勢（態度）が悪い」「私語が多い」等、態度が悪いから評価を「Ｃ」にするような評価は、適切ではありません。

「主体的に学習に取り組む態度」の「態度」とは、行われている授業の「目標」に向かっていく態度であり、自らが目標を持

ち、課題に向かって粘り強く取り組んだり、積極的に係わり、自己の学習を振り返ったりしながら学習を進める「態度」を評価するということになります。

そのように考えると、「主体的に学習に取り組む態度」は、「知識・技能」「思考・判断・表現」の2つの評価の観点にも、深く影響することになります。「ノートを丁寧にとっている」「話を聞く態度がよくなった」等は、行動面の所見でも十分に伝えることができます。

④ 通知表の作成における留意点

評価を行う際に児童の様子を見取っていくわけですが、全ての観点を毎時間行うというのも現実的ではありません。また、学期の最後にまとめて評価するというのもよろしくありません。ある程度まとまった指導の後に学習評価を行い、補助簿（学級の名表）に評価を記入していきましょう。

授業内で児童の様子を評価しなければいけない場合には、付箋を使うのも有効です。名表で名前を探して、「○△」や「ＡＢＣ」を記入するより、評価の観点と評価基準を頭に入れ、付箋に児童の名前を書いていった方が時間を短縮できます。

「ＡＢＣ」で評価するのであれば、「Ａ」と「Ｃ」の児童名を記録し、児童が下校後、補助簿に転記していくとよいでしょう。

⑤ 特別の教科道徳（道徳科）の評価について

道徳科の評価について、学習指導要領に「数値などによる評価は行わないものとする」とあるのは、周知のことと思います。また、「学習状況を分析的に捉える観点別

評価を通じて見取ろうとすることは、児童の人格そのものに働きかけ、道徳性を養うことを目標とする道徳科の評価としては妥当ではない（小学校学習指導要領解説 特別の教科道徳編）」にあるように、観点別評価も適切ではないとされています。

とはいえ、道徳科は「評価をしなくてよい」ということではありません。評価においては、「内容項目」ごとに知識を植え付け、それについて評価を行うのではなく、ある一定期間の児童の成長を積極的に見取り、評価していくことが大切です。その際、他者と比べるのではなく、個人内評価として記述していきます。

記述する際に、重視したいポイントは以下の2点となります。
①一面的な見方から多面的・多角的な見方へと発展させているかどうか。
②道徳的価値の理解を自分自身との関わりの中で深めているかどうか。

この点に留意しながら進めてください。

【参考・引用資料】
・道徳教育に係る評価等の在り方に関する専門家会議「「特別の教科道徳」の指導方法・評価等について（報告）」（2016年7月）
・中央教育審議会「幼稚園、小学校、中学校、高等学校及び特別支援学校の学習指導要領等の改善及び必要な方策等について（答申）」（2016年12月）
・文部科学省「小学校学習指導要領（平成29年告示）」（2017年3月）
・文部科学省「小学校学習指導要領解説特別の教科道徳編」（2017年7月）
・中央教育審議会「学習評価の在り方について」（2019年1月）
・文部科学省「小学校、中学校、高等学校及び特別支援学校等における児童生徒の学習評価及び指導要録の改善等について（通知）」（2019年3月）

所見を書く上で
気を付けたいポイント

小川 拓（共栄大学准教授）

1 「教育効果」を意識すること

通知表の文面で、「よく発言するようになり、頑張っています」等の文面を見ることがあります。褒め言葉を入れて書かれていますが、それだけでは教育効果が薄いでしょう。学校で行われている活動は、全て「意図的」「計画的」に行われなければならないからです。そう考えると、通知表も教育効果がもたらされるように作成・記述していく必要があります。学校によっては、通知表に「あゆみ」「かがやき」等の名前を付けているところもありますが、それは教育効果を高めようとしていることの表れとも言えます。

それでは、通知表に求められる役割とは何なのでしょうか。第一に挙げられるのは、学習意欲等のモチベーションの維持・向上です。その意味でも、通知表を見た児童や保護者が「次の学期（学年）も頑張ろう」などと思うような通知表にしていかなければいけません。そうした通知表にすることで、児童や保護者の信頼も高まります。

通知表は、学期を通しての総括的な評価です。だからこそ、日々の授業や形成的な評価をしっかりと積み重ね、通知表や指導要録などの総括的な評価へと、つなげられるようにしていくことが大切です。

通知表の所見については、どのように捉えていけばよいのでしょうか。端的に言えば、一人一人の子供たちへの「具体的な褒め言葉」を記入するということに尽きると思います。もしかすると、「この児童には褒める言葉が見当たらない」と悩まれる先生もいるかもしれませんが、それは他の児童と比べているからです。

現在の通知表の評定は「絶対評価」ですから、ある基準ラインを超えていれば、全ての児童がA評価を取ることができます。そうした評価基準で所見を考えてしまうと、能力の低い児童は学習面において優れていることがなく、「書くことがない」ということになってしまいます。しかし、所見を書く上で、絶対評価的な考え方は向いていません。むしろ「個人内評価」的な考え方をした方が、一人一人の伸びを褒めて認め、所見として残すことができます。そのためには児童一人一人の能力を把握し、個に応じた指導を行い、本人の言動や成長を前向きに記述していくことが大切です。そうした所見が、児童のやる気をさらに伸ばすことになります。

2 学習評価の基本は「褒める」

小学校の先生方と話をしていると「評価は難しい」との声をよく聞きます。確かに、人が人を評価するのは難しいことですが、大切なのは普段から実施している教育活動自体が、評価につながっていると考えることです。

ある内容を学級で指導したとしましょう。

児童はその内容を身に付けようと、一生懸命取り組みます。よくできる児童について「よくできていますね」と声を掛ければ、それは評価です（評価基準に照らし合わせて）。

一方で、一生懸命取り組んでいてもなかなか成果が出ない児童に対しては、どのような声掛けをしているでしょうか。「ここまでできるようになって、素晴らしいですね」「一生懸命に取り組んでいる様子が立派です」「あと、もう少しですね。ここを工夫するとさらに良くなりますよ」などと声掛けをしていくと思いますが、そうした働き掛け自体も学習評価となり、そのプロセスを通知表の所見として書くこともできます。

これは、形成的評価（一人一人の日々の学力を把握し、次の指導を行うために行われる評価のこと）と呼ばれるもので、単元の評価計画に照らし合わせて行っていきます。児童は、個によって能力が異なります。画一的な一斉指導だけでは一人一人の能力を伸ばすことができません。日々の形成的評価を積み重ねることで、児童はより良く成長していくのです。その様子を記録に残し、児童のより良い側面が表出している部分を選んで、所見に書くことが大切です。褒めるということが、教育評価の一番大切なところなのです。また、褒め言葉とともに、個人の伸びたところを伝えることが、児童や保護者の喜びにつながり、次学期（次学年）への意欲を高めます。

3 ネガティブな側面も、ポジティブな側面から書く

低学年に、たし算の繰り上がりの計算が苦手な児童がいたとしましょう。その際「○○さんは、たし算の繰り上がりの計算が苦手なようです。家庭でも練習すれば定着するでしょう」と所見に記入しても、児童はやる気が出ません。むしろ、やる気を失ってしまうことでしょう。この記述は、教師自らの指導の責任を家庭に転嫁しているようにも見えます。

では、次のように書けばどうでしょうか。「たし算の繰り上がりでは、何度も何度もブロックを使いながら練習していました。少しずつではありますが確実に定着しています。○○さんの頑張りをご家庭でも応援してあげてください。」

前述の所見に比べ、児童も保護者もやる気が出るのではないでしょうか。児童ができないことや苦手なことでも、前向きに取り組んでいる様子や進歩している様子を記述すれば、それは褒め言葉に変わります。

担任、授業者であれば、児童一人一人の個性や能力を把握しているはずです。「個に応じた指導→個別最適な学び」を行っていれば、褒め言葉とともに良い所見文が記述できることでしょう。

4 教科評価と所見との整合性を取る

通知表の作成には、多くの時間と労力を要します。35人学級であれば35人分のデータをそろえ、観点別評価を行い、所見を記していく必要があります。

所見の書き方として、各教科の評価を意識しながら書いていくケースと、意識しないで書いていくケースとがあると思います。

通知表の所見は個人内評価も加味して書くことが多いですから、どちらも間違いではありません。

注意していただきたいのは、「教科評価と所見との整合性」を取ることです。前述した通り、所見は褒め言葉を入れて書くことが多いのですが、その際は「教科評価と所見との整合性」という点で、保護者に誤解を与えないようにする必要があります。

例えば、算数の観点別評価で「C評価」を付けたとしましょう。その上で、通知表の所見に「計算練習をよく頑張っています。ご家庭でも褒めてあげてください」と記述すると、「頑張っているのに、なぜC評価なのか」と、不信感を与えてしまいかねません。教科評価が「C評価」なのであれば、例えば「○○の計算について練習を重ね、定着しつつあります。宿題なども少しずつですが、行えるようになってきました」のように、整合性のある記述が必要です。多くの家庭が通知表を子供の成長の記録として何十年も保管しているわけで、誤解を生まないように留意することが求められます。

5 「行動の記録」の記録の取り方

人間の記憶というものは、非常に曖昧なものです。見聞きした時点ではしっかりと覚えていても、時間が経てば忘れてしまいます。20分後には42%を忘れ、1時間後には56%を忘れ、1日後には74%を忘れ、1か月後には79%を忘れます。そうしたことを考えても、「記憶」に頼るのではなく、「記録」をしていくことが重要なのです。

では、どのように記録を取っていけばよいのでしょうか。

具体的な手法の一つとして、学級のノートを1冊作ってみてはいかがでしょうか。1人につき1ページのノートです。35人学級であれば、35ページのノートとなります。

ノートの1ページを半分に折り、左側にはその児童の特徴的な出来事を短く記述していきます。「○月○日：けがをした1年生を保健室に連れて行く」「○月○日：掲示物の手伝い」「○月○日：花の水替え」といった具合にです。係活動などとは別に、自主的に行ったことを書いていくとよいでしょう。

前述したような、学習面での取組や成長も、併せて記録に残していきましょう。また、問題行動等の内容も、日付とともに記録しておきます。

一方、ページの右側には保護者とのやりとりを記録していきます。そのノートを見ながら面談や電話連絡を行い、記録を残しておくと、後で有効に活用することができます。そうした記録を残しておけば、次の面談や電話連絡を行った際に、「前回、お母さんが心配されていた○○の件、その後いかがでしょうか？」等と話すこともできます。私自身、そうした話をよくしていましたが、多くの保護者が「先生、よく覚えていらっしゃいますね」と、話されていたのを覚えています。

学期の終わりには、このノートを見ながら通知表の所見を書いていくと、より具体的な内容を記述することができます。

6 評価記号で差をつける

各教科評価の記号を作り、所見に結び付けるのも有効です。学習後、評価を行う際に「A」「B」「C」の記号をつけていくと思います。その際、評価基準に照らし合わせて「A」評価をつけたものの、後で振り返った際に具体的にどこが良くて評価を付けたのかが分からなくなることが少なくありません。そうしたことを防ぐために、記

載方法を工夫しておくことをお勧めします。

例えば、各教科領域の表現活動として発表をさせることがあるでしょう。「A」評価の児童の場合、何が良かったかを次の図のように「A」の周りに記していくのです。

評価記号の例

図内の「T」は「正しさ」、「K」は「声の大きさ」、「H」は「表現の豊かさ」を表しています。あるいは「S」として発表の「速さ（スピード）」や「テンポ」等を記載することもできます。児童が一人ずつ発表しているときは、授業者も余裕がありますから、名表の「A」の周りに記号を書いていくことができることでしょう。

こうして記述しておけば、児童は評価基準に照らし合わせて行った学習評価において「A評価」であり、「正しさ」「声の大きさ」「表現の豊かさ」が優れていたことが分かります。これを、通知表の所見用に文章にすればよいのです。

7 通知表の所見は多くの目で

児童の行動の中には、良い行いもあれば良くない行いもあります。良くない行いについては当然、指導を重ねて改善していく必要があります。良い行いについては、通知表の所見に記入することが可能です。

とはいえ、子供たちは担任が知らない場所でも、様々な活動をしています。そうした行いについては、どうすればよいのでしょうか。

よく行われているのが、「子供の良さ発見カード」です。このカードを職員室に置き、子供たちの良い行いを見つけた場合に記入して、担任の先生に渡します。

学級担任は、クラスの児童に対し「Aさんはこのような子だから、きっとこうに違いない」と固定観念で見てしまうことが少なくありません。でも、複数の教師の視点で子供たちを観察すれば、児童の新たな一面を発見することもできます。児童からすれば「自分のこんなことも知ってくれているのか」とうれしく思うとともに、教師への信頼度も向上するでしょう。また、報告をしてくれた教師にも感謝するに違いありません。

また、学級活動の中でワークシートに書かせて発表し合う活動（グループで行ってもよい）、帰りの会等で「今日のMVP」として良かった行いを発表する活動なども有効です。

そうした取組は、所見の材料にすることもできます。記録は、前述した学級のノートに書いていきましょう。個人面談等の際にも役に立ちます。また、児童に書かせた「となりの子の良いところ」（各学期末に行うとよい）のワークシートも、保管しておくことで、通知表の所見の材料にすることができます。こうした活動を行えば、児童同士の関係も良くなり、学級の雰囲気も明るく優しい感じになっていきます。

本書では、読者の皆さんと同じように現場で指導している先生方が、学習指導要領の方針を踏まえつつ、ご自分の経験や指導も基にしながら執筆した文例をたくさん掲載しています。皆さんが児童の実態に合わせて所見を書く時、どのように表現してよいか困った時などに、ぜひ参考にしてください。同じ内容でも言い回しや表現の仕方をより良くすることによって、児童や保護者に与える印象は大きく変わります。

通知表・指導要録の「総合所見」で使える文例

●

このPARTでは、通知表や指導要録の「総合所見」で使える文例を紹介します。20〜63ページの行動特性に関わる文例から1文例、64〜100ページの学習面の特性に関わる文例から1文例を組み合わせる形でご活用ください。

CONTENTS

1	「ポジティブな行動特性」に関わる文例	20〜52P
2	「ネガティブな行動特性」に関わる文例	53〜63P
3	「学習面の特性」に関わる文例	64〜100P

ここから1文例
（71〜90字）

ここから1文例
（71〜90字）

142〜180字程度の所見文が完成

1 「ポジティブな行動特性」に関わる文例
（1）「基本的な生活習慣」が身に付いている児童の所見文

主な
行動特性

あいさつができる／整理整頓ができる／手洗い・うがいをする／時間を意識して行動／丁寧な言葉遣い／早寝・早起き・朝ごはん／連絡帳を丁寧に書く／忘れ物がない／落ち着いた態度／決まりや約束事を守る／姿勢が良い／聞く態度が良い

いつでも大きな声で元気良く**あいさつ**をすることができます。相手からあいさつをされるよりも先にすすんであいさつする姿は、みんなの手本となっています。

チャイム**着席**が身に付いています。**休み時間**の間に次の**授業**の準備をしているため、落ち着いて授業に臨むことができます。次のことを考えて行動できるのは、大変素晴らしいことです。

毎朝、教室に入って来たときに元気に**あいさつ**をすることが習慣化され、気持ち良く学校生活をスタートできています。友達にもあいさつをするので、教室が爽やかな雰囲気になります。

授業前の**休み時間**中に、次の時間の学習用具をそろえることができています。時間を大切にしようとする姿勢が随所に感じられ、チャイムが鳴る時には座って授業開始の時刻を守ることができました。

図工の時間に出たごみをきちんと一か所に集め、床に落とすことなく片付ける姿には感心させられます。**整理整頓**も得意で、○○さんの周りはいつも過ごしやすい環境となっています。

身の回りの**整理整頓**ができています。ロッカーや引き出しの中は、いつもきれいに整理されており、給食着や体育着なども丁寧にたたんで袋に入れるなど、周囲の模範となっています。

給食の時間がとても楽しみなようです。いつも好き嫌いなく、たくさん食べています。食事のマナーも身に付けていて、班の友達と仲良く楽しそうに食べている姿が見られます。

朝の準備を自分で確実にすることができます。**登校**するとすぐに**宿題**を提出し、ランドセルを片付けています。**宿題**の出し忘れなどは一度もなく、１時間目の準備をしてから朝休みを過ごしています。

毎朝**登校**して仕度を素早く済ませると、ミニトマトの苗の**観察**をすすんで行ったり、**読書**をしたりしています。素早い行動や、意欲的な姿勢に感心しています。

授業前には、指示される前に次の時間の学習用具をそろえることができています。時刻を守ることもでき、**掃除**の時刻になると、友達に声を掛けるなどして意欲的に掃除に取り組めています。

大きくはっきりとした声であいさつや返事ができています。また、「〜です」「〜ます」など、丁寧な**言葉遣い**が身に付いているため、友達とも円滑に会話ができています。

手洗い・うがいを忘れずに行うことができました。また、ティッシュやハンカチも毎日忘れず持ってくるなど、衛生面に気を付けて生活することができました。

毎日の連絡帳をとても丁寧に書いています。字がきれいで大変読みやすく、**宿題**忘れや忘れ物も全くありません。学級の友達にも良い影響を与えてくれています。

毎朝、元気に**登校**する○○さん。元気の秘密を尋ねたら、「**早寝・早起き・朝ごはん**」と答えてくれました。クラスの友達にもそれを実行する子が増え、２年○組の**朝の会**はいつも元気です。

学校の決まりや約束をしっかり守ることができていて、友達にも正しいことを優しく伝えることができます。集団の中での過ごし方がしっかりとできるということはとても大切なことです。

休み時間になると、すぐに次の**授業**の用意をしてから遊びに行く○○さん。そのため、次の時間の授業の始まりは、いつも落ち着いた態度で臨むことができています。

言われたことをきちんと覚えており、規律正しく行動できます。素直に人の話を聞く姿勢、真面目に行動する姿勢は好感をもて、周囲の友達にも良い影響を与えています。

校長先生や地域の方にいつも明るく**あいさつ**ができ、元気に学校生活を送っています。「ありがとう」「ごめんなさい」の言葉もきちんと言えて、クラスの良き手本となっています。

廊下ですれ違う人にも元気に**あいさつ**ができる○○さん。その姿を見ていた校長先生にも褒められて、全校朝会では名前が発表されました。今では全校の良き手本となっています。

毎日タブレット端末を欠かさず確認しているため、忘れ物がほとんどありません。学習面や生活面でも真面目に取り組む姿に感心しています。これからもこの調子で頑張ってほしいと思います。

大きな声であいさつと返事ができ、クラスの手本となっています。丁寧な**言葉遣い**が身に付いていて、「～ですか？」と丁寧な言葉で教師に尋ねることができます。

廊下で会うと先生方に「○○先生、おはようございます」と名前を呼んで元気に**あいさつ**ができます。相手を意識した、心のこもった気持ちの良いあいさつに感心します。

毎朝教室に入る際に「おはようございます」と元気な声であいさつができ、クラスの良い手本となっています。下駄箱の靴も、いつもかかとをそろえて入れていて感心します。

給食の時間は、好き嫌いなくマナーを守ってきれいに食べることができます。**給食当番**の際には、給食調理員さんに「ごちそうさまでした」と感謝の気持ちを表すこともできています。

ハンカチ、ティッシュをいつも忘れずに持参するなど、基本的な生活習慣が身に付いています。**手洗い・うがい**や**歯磨き**も一人ででき、普段から清潔にすることを心掛けて生活ができています。

授業中は、いつも良い姿勢が保てています。名前を呼ばれたときには「はい！」と気持ちの良い返事ができるのも立派です。いずれの行いも、クラスの良い手本となっています。

教師の問い掛けに素早く反応する姿からも、話を聞く姿勢が身に付いていることが分かります。指名されると、はっきりした声で返事をすることができます。

丁寧な言葉遣いができ、教師からのアドバイスなどに「はい！」と気持ちの良い返事ができます。その素直な心があるからこそ、学習、運動が大きく伸びています。

いつも自分の持ち物を整理整頓することができていて、机の中やロッカーが乱れていることはありません。上履きや外履きもかかとをそろえる習慣が定着しています。

廊下の右側を静かに歩いたり、階段では譲り合ったりと、落ち着いて学校生活を送れている様子が見られました。そのため、友達とも仲良く円滑に過ごすことができています。

休み時間が始まると次の授業の用意にすぐ取り掛かるなど、学習に対する姿勢がとても立派でした。物事の準備を素早く行い、一生懸命活動する姿が見られました。

1年間「忘れ物ゼロ」を目標の一つに掲げることで、ハンカチやティッシュなど、生活に必要な身の回りのものをすぐに使用できるようにしていたのが大変立派でした。

机の中を使いやすいように整理整頓することを心掛けており、必要な道具がすぐに見つかるようになっています。そのため、授業中の課題への取り組みが早くなりました。

どんな場面でも元気良くあいさつをすることができました。登校指導に立ってくれている保護者の方にも積極的にあいさつする姿勢が称賛され、周囲の友達の良き手本となりました。

使ったものは元に戻す習慣が身に付いていて、机やロッカーの中をいつもきれいに整えておくことができています。そのため、学習にも落ち着いて取り組むことができます。

机の中がいつも**整理整頓**され、正しく物を使うことができています。タブレット端末など学校のものを丁寧に取り扱う姿は、学級の手本となりました。落ち着いて学校生活を過ごす姿が印象的でした。

高学年の児童や教師に対して話すときや**授業中**の話し方がとても丁寧です。相手や場を考えた**言葉遣い**ができており、学級の良き手本となってくれています。

身の回りの**整理整頓**への意識が高く、机の中を整えるだけでなく、タブレット端末の充電作業など、一つ一つの道具を丁寧に使うことができています。物を大切にする姿勢は学級の手本となりました。

違う学級や学年の人、廊下ですれ違う先生など誰に対しても**あいさつ**ができました。相手の目をしっかり見て、大きな声であいさつができるので、学級の良き手本となりました。

「相手の目を見て、元気に、自分から」を合言葉に、毎日気持ちの良い**あいさつ**をしています。友達や先生からも認められ、2年生のあいさつマスターに選ばれることができました。

基本的な生活習慣が身に付いています。**授業**が始まる前には、机の上に必ず次の授業の用意がなされているところはとても立派で、いつもクラスの友達の手本となっています。

○学期になり、聞く態度が身に付いてきました。目だけでなく体ごと話す人に向けてしっかり話を聞くことができます。友達に「しずかにしよう」と声を掛ける姿も見られるようになりました。

あいさつ、返事を言われなくともすることができました。いつも、相手にさわやかな印象を与えてくれます。呼名してノートを渡すときでも「ありがとうございます」と担任の目を見て言えます。

1 「ポジティブな行動特性」に関わる文例
（2）「健康・体力の向上」が見られる児童の所見文

主な行動特性

元気に外遊び／運動が好き／手洗い・うがいをする／好き嫌いがない／皆勤賞／歯磨きの習慣／衛生面に注意／給食を残さない／明るい表情／目標をもって努力／ハンカチ・ティッシュを携行／早寝・早起き

晴れの日の**休み時間**は必ず外へ行き、**鬼ごっこ**などをして元気良く遊ぶことができました。友達と一緒に外で遊ぶことを通じて、クラスの友達が自然と増えてきています。

休み時間は、いつも元気に**外遊び**をしていました。外遊びによって丈夫で健康な体をつくることができたので、毎日休むことなく**登校**することができました。

持久走大会に向けて、**休み時間**に友達と元気良く校庭を走る姿が見られました。自分のめあてをもって運動することの大切さを理解し、達成に向けて頑張っていました。

クラス遊びが大好きで、クラスのみんなと毎日仲良く**外遊び**をして過ごしていました。さまざまな遊びを通して、体をいっぱい動かし、体力の向上を図ることができました。

休み時間には、友達とドッジボールをして楽しそうに遊んでいます。暑さに負けず、毎日元気に遊ぶことで、ゲームの中でも活躍できるようになってきました。

給食が大好きで、毎日完食することができています。好き嫌いをせずに食べられるので、体調を崩すこともなく、元気に学校生活を過ごすことができました。

休み時間には、友達と**鬼**ごっこをして楽しそうに遊んでいます。体を活発に動かすのが本当に好きで、どんなに寒い日でも、寒さに負けず外で元気良く走り回っています。

いつもポケットにティッシュとハンカチを入れ、爪は短く切るなど、衛生面に気を付けて生活することができています。**手洗い・うがい**も忘れずにするなど、健康に過ごせています。

インフルエンザが流行していた時期には「**手洗い・うがいレンジャー**」として、学級の友達が校庭から戻ってくる際には、うがいと手洗いをしっかりするように水道で声を掛けてくれました。

好き嫌いせず、**給食**を毎日残さずに食べています。○学期は風邪をひくこともなく、１日も休まず**登校**して皆勤賞でした。**手洗い・うがい**での風邪予防も、徹底できています。

休み時間になると友達に声を掛け、校庭に出て自ら計画した**鬼**ごっこなどをしています。暑さや寒さに関係なく、外で体を動かしており、風邪をひくことなく元気に過ごすことができています。

給食はゆっくりとよく噛んで食べ、食後には必ず**歯磨き**をする習慣が身に付いています。歯磨きの際は養護教諭に教わった磨き方を実践し、磨き残しの無いよう丁寧に磨けています。

給食の時間をとても楽しみにしている○○さん。その日の献立をしっかり暗記しており、クラスのみんなに栄養の種類まで教えてくれることにとても驚きました。おかげで学級の残食はゼロです。

持久走大会に向けて、毎日**休み時間**に校庭を走っている姿が印象的でした。放課後も毎日欠かさず練習しており、大会ではその成果で見事学年で１位となりました。その頑張りに拍手を送ります。

準備運動当番のときには、**体育**の時間にみんなの前で、しっかりと準備運動の声掛けができました。動きも丁寧で、大きく動かすところや速く動かすところなど、みんなの良い手本となりました。

今年の冬は寒い日が続きましたが、○○さんは毎日校庭で元気いっぱいに遊んでいました。特に「**なわとび週間**」では、クラスで100回連続跳べるよう、中心となって進めてくれました。

体育の時間の準備運動のときには、言われたことをしっかり守り、細かい部分も丁寧にやろうとする姿が見られました。その成果もあってか、学校生活も元気いっぱいに送れています。

休み時間に、なわとびや鉄棒の練習をしたり、友達と元気いっぱい駆け回ったりする○○さんの姿を見ることができました。感染症対策をしながら自ら体を動かそうとする姿勢に成長を感じました。

自分が食べられる量を考えて配膳することで、給食を完食することが多くなりました。好き嫌いが減りバランス良く食べることができています。休み時間には校庭に出て、元気良く生活しています。

朝の会の健康観察や、校門でのあいさつのときには、明るい表情で元気に返事をしています。2年生になって学校生活にも慣れ、日々健康に学習活動に励むことができています。

朝マラソンに意欲的に取り組んでいます。マラソンカードが進むのを励みに、友達と誘い合って朝走る姿が見られました。これからも継続して、さらに力を伸ばしてほしいと思います。

○学期はなわとびに夢中でした。休み時間になると外に飛び出し、なわとび用跳ね板に並び、高学年に交じって練習をしていました。どんどん上達し、新しい技ができるたびにうれしそうに教えてくれました。

養護教諭から保健指導を受けて、健康のために授業中の姿勢に気を付けることができています。タブレット端末を目から離して使うなど、学んだことを生活に生かすことができます。

○学期はボール遊びに夢中でした。ドッジボールでは、コートを徐々に広くして遠くまで投げられるようになりました。最近は小さいボールで友達と的当てをしながら力を伸ばしています。

休み時間は当初、読書や絵を描いていることが多かったのですが、徐々に友達に誘われ外遊びをすることが多くなりました。元気いっぱい走ったり、ドッジボールをしたりして遊んでいます。

栄養教諭の食育の**授業**を受けてから、**給食**で苦手な野菜にも一口はチャレンジできるようになりました。野菜パワーを知り、「自分の健康のために」とチャレンジを継続できていて立派です。

休み時間の後には、必ず手洗い・うがいをして教室に入ってきますし、**給食**も好き嫌いなく食べることができます。健康に気を付けて毎日心身ともに元気に生活できています。

元気に学校生活を送っています。休み時間には、外で体を動かす姿が見られました。**体育**の「リレー遊び」では、最後まで力いっぱい走り切ることができました。

登校後は、素早く準備を終えて外に出て体を動かすことができています。**休み時間**にも、友達を誘って**鬼**ごっこをしたり、サッカーをしたりと元気に遊ぶ姿が見られます。

なわとびの練習に熱心に取り組む姿が見られました。二重跳びに挑戦し、練習台を活用してコツをつかんでいました。粘り強く取り組んだ結果、二重跳びが跳べるようになりました。

持久走大会に向けて、毎朝素早く校庭に出てマラソンに取り組む姿が見られました。本番でも、毎日積み重ねてきたことが大きな力となって発揮されました。

休み時間に、外で**鬼ごっこやボール遊び**をしている姿が印象的です。周りの友達にも声を掛けて一緒に遊ぶことで人間関係も広がり、言語能力も高まっている様子がうかがえます。

感染症を予防するため、すすんで**手洗い・うがい**に努めていました。マスクの着用を意識したり、**歯磨き**をする際にタオルで口を押さえたりするなど、周囲のことを考えて生活できました。

朝の「**ガンバリタイム**」では、ライバルの友達に負けないように最後まで走り続けるなど、目標をもって頑張っていました。目標を達成できたときは、とてもうれしそうでした。

毎日の**給食**を楽しみに、好き嫌いなく何でも食べ、いつも元気良くおかわりをしていました。食に興味があり、自分の知っている知識を友達や先生に教えてくれました。

○学期は、毎日元気良く**登校**できました。学校では、しっかり体を動かして、汗をいっぱいかいています。けがや病気をせずに、安全に学校生活を送ることができました。

給食の時間では、苦手なものも頑張って食べようとしています。残さずにきれいに食べるだけではなく、残飯量を減らそうとおかわりをしてしっかり体力を付けることもできました。

休み時間には、汗でびっしょりになるほど、運動場で元気良く遊べました。教室に戻る際は、**手洗い・うがい**を必ずして、感染症対策をして病気にならないように健康に気を付けることもできました。

早寝・早起きをして、健康に気を付けて**登校**できました。規則正しい生活だけではなく、朝ごはんや**給食**もきちんと食べて、体力をしっかりつけることができました。

外遊びから戻ってくると、必ず**手洗い・うがい**をしていました。自分の体調を自分で管理している姿は立派です。その結果、欠席ゼロで毎日元気に**登校**することができました。

朝マラソンに全力で取り組んでいます。世界一周マラソンカードも２枚目に突入するほど頑張りました。その結果、**持久走大会**では３位を取ることができ、とても満足した表情を浮かべていました。

暑い日でも、**休み時間**になると友達と外へ行き、汗だくになるまで体を動かしています。教室に戻ると汗を拭き、水分補給をするなど、健康に過ごすための方法を自分で考えて実践できています。

ハンカチ・ティッシュを毎日忘れずに持って来ています。外遊びから帰って来たときや給食の前には欠かさず**手洗い・うがい**をし、病気にかからず健康に過ごすための行動ができています。

（3）「自主・自律」を意識した行動ができる 児童の所見文

主な行動特性

目標に向けて努力／諦めずにやり抜く／時間を意識して行動／自分で考えて行動／自らの役割を自覚／友達の手伝いをする／忘れ物が少ない／コツコツと家庭学習／正しいと思うことを行動に移せる／切り替えが上手／周りに流されない

学期はじめに立てた自分の目標を意識しながら生活することができました。毎月の生活目標に対しても、その実現に向けて一生懸命に取り組む姿が見られました。

何事にもすすんで取り組み、最後までやり通すことができます。声を掛けなくても次々と活動に取り組むことができるので、たくさんのことができるようになりました。

休み時間の終わりに気付かない友達に優しく声を掛け、時間を意識して行動することができました。自分のことをしっかりとやりながら、周囲にも促せているのは大変立派です。

周りの雰囲気に流されることなく、自分の考えをもって行動することができます。いつも落ち着いて、よく考えて行動することができるので、安心して見ていられます。

本が好きで、すすんで**読書**をしています。読書カードの貸し出し履歴をいっぱいにするという目標を立て、図書室を利用して本をたくさん借りています。読書冊数が多いため、朝会で表彰されました。

話をよく聞き、よく考えてから行動することができます。活動を進めている中でうまくいかないことがあっても、諦めることなく粘り強く取り組んでいました。

なわとびの二重跳びができるようになるという目標を立て、**休み時間**は自主的に練習をしていました。努力が実って目標を達成することができ、友達に称賛されてうれしそうでした。

何事にも納得のいくまで全力で取り組むことができます。思うように結果が出ず悩んだこともありましたが、努力を積み重ね、目標としていた二重跳びを見事にマスターしました。

掃除の時間は、自分が担当する部分の掃除が終わると、自分にできることはないか考えて友達の**手伝い**をしていました。○○さんのおかげで、学級全体が意欲的に掃除に取り組むようになりました。

自分がやりたいこと、やるべきことを見つけ、すすんで活動に取り組むことができます。**係活動**では自分のやりたいことを生かして○○係の活動に意欲的に取り組むことができました。

配り当番のリーダーとして、配りボックスの中身にあるものをいつも率先して配ってくれました。そのため、4月の2週目には、すでに学級全員の名前と顔を覚えており、大変感心しました。

クイズ係として、毎日帰りの会でみんなにクイズを出していました。簡単なものから難しいものまでさまざまなクイズを出してくれて、今ではすっかりみんなの楽しみになっています。

イラスト係として、友達にどんなイラストを描いてほしいのかを聞き、それを描いたものを教室の壁に貼ってくれました。おかげで2年○組の教室は、イラストにあふれた素敵な空間になりました。

給食当番の際は、自らの役割を自覚し、率先して取り組んでいます。次に何をしなければならないのか、指示を待つのではなく、自分で考え行動することができています。

授業中、自分の課題が終わると机の中から**九九**カードを出し、黙々とそれに取り組んでいました。「自習」の意味をしっかり理解している姿に感心させられました。

自分のペースを大事にしながら、何事にも弱音を吐かず最後まで頑張り通すことができます。目標を常に意識して、毎日コツコツと**家庭学習**に取り組む姿は他の友達の模範となりました。

友達が消極的になってしまうような学級の仕事を、いつも笑顔で積極的に引き受けてくれます。周囲の人のために頑張ろうとする姿はとても立派で、クラスに良い影響を与えています。

机の中やロッカーが、きちんと**整理整頓**できています。自分が使った物は元の場所に戻すなど、次に使うときのことを考えています。落し物があったときも、友達を心配して声掛けをしてくれました。

2学期の初めに掲げた目標「いつも机の中をきれいにする」を達成するために、**休み時間**などに自分の机の中を**整頓**している姿が見られました。その成果か、忘れ物も少なくなりました。

学校や家で、納得が行くまで毎日何枚も練習をした硬筆で選手に選ばれたときのうれしそうな表情が印象的です。練習の大切さに気付き、どの教科の学習でも今まで以上に主体的に取り組めています。

生活科の昔遊びの際、お年寄りのためにいすが必要だと考え、自主的に人数分のいすを並べている姿に感心しました。正しいと思う行動が自然にできる姿は素晴らしいです。

よく気が付き、良いと思うことを行動に移すことができます。欠席者が多かった日も、すすんで**給食当番**を引き受けたり、みんなで分担しようと声掛けをしたりと、クラスの良き手本になっています。

宿題が終わっても目標の「**家庭学習30分間**」に向けて、タブレット学習や**読書**など自分で考えて学習を続けることができていて立派です。自主的な学習で、着実に力を伸ばしています。

○学期は、**新聞係**の活動に意欲的に取り組みました。毎月1回の発行を目標に、自分たちで活動計画を立て、それに沿って計画的に**学級新聞**を発行することができました。

人の意見に流されず、自分でよく考えて行動していました。落ちているごみを拾ってごみ箱に捨てるなど、正しいと思うことは、自分の意志で行動に移せる芯の強さに感心します。

音楽会の合奏では木琴にチャレンジし、**休み時間**も熱心に練習に取り組みました。遊んでいる友達を気にすることなく、自分の目標に向けて最後まで頑張る姿がクラスに良い影響を与えています。

係活動では、自分の意見を伝えるだけでなく、友達の意見を聞いて、譲り合いながら計画を立てることができました。「２週間に１回クイズを出す」というめあてに沿って活動することができました。

休み時間に予鈴が鳴ると、どんなに盛り上がっていても「もうおしまいにしよう」とみんなに笑顔で声を掛けることができます。切り替え上手で、友達からの信頼も厚く感心します。

長縄大会でのクラスの目標に向けて、一生懸命練習に励みました。八の字跳びをスムーズに行うことができ、最後まで諦めることなく取り組むことができました。

友達にきちんと正しいことを伝えることのできる○○さんです。周りに流されない姿に感心しました。学習、運動に目標をもって取り組むことができました。

自分で良いと考えたことは、最後まで粘り強く努力することができます。**生活科**の「うごく うごく わたしのおもちゃ」では、自分のアイデアを生かしながら、楽しい**おもちゃ**を作りました。

てきぱきと活動し、活力のみなぎった学校生活を送っていました。しっかりとした考えをもって行動しています。人に言われなくても、自分で考え判断し、行動できているところが素晴らしいです。

教室移動の際、並んで静かに廊下を歩き、騒がしくならないよう努めていました。**授業中**と**休み時間**の区別をしっかりと意識し、行動する姿勢が身に付いています。

廊下歩行の際、落ち着いて右側を歩くというルールを守ることができていました。友達に対してはみんなが安全に過ごせるよう、優しく声を掛けることができていて立派でした。

自分にできることを増やしていく姿勢があります。○学期は「忘れ物をしない」という目標を立て、達成することができました。何事にも意欲的にチャレンジしていく姿が多く見られました。

1日に3回挙手するという自分の目標を机の端に貼りつけ、いつでも確かめられるように工夫していました。自分の目標達成に向けて、コツコツと努力することができました。

「なかよし2年○組」という学級目標を大切に思い、けんかしている友達を仲直りさせたり、学級遊びを考えたり、自分にできることにすすんで取り組む姿勢が印象的でした。

外遊びやレクリエーションの活動では、みんなで決めたルールをしっかりと守ることを意識できていました。自分で決めた約束を最後まで貫く姿勢がとても立派でした。

図工の**授業**の後、床が汚れているところを見つけると、率先してぞうきんで拭いてくれます。自らクラスのためになることをすすんで行ってくれる○○さんは、友達からも信頼されています。

朝は教室に入るとすぐに支度を整え、机の**整理整頓**など気が付いたことは言われなくてもすすんで行っています。クラスの皆から絶大な信頼を寄せられています。

タブレットケースの扉が空いていると、担任が声掛けをする前に閉じたりタッチペンが落ちていると拾ったりするなど、クラスのためにすべきことを主体的に見つけ、率先して働いてくれます。

自らやるべきことを主体的に見つけ、率先して働いてくれます。先日も「これ配りますか?」と声を掛け、素早く配ってくれたおかげでとても助かりました。

1年間に本を50冊読むという**読書**の目標を自ら設定し、学校や家庭で努力し続けて見事に達成することができました。自分自身を高めていく姿に成長が感じられました。

（4）「責任感」を伴った行動ができる児童の所見文

主な行動特性

友達に注意／1年生をリード／みんなに声掛け／他人のせいにしない／使った道具をきちんと片付ける／黙々と取り組む／自分の役目を果たす／最後まで手を抜かない／粘り強く取り組む／周囲から頼りにされている

掃除の時間に**掃除リーダー**として、同じ班の友達と協力して行う姿が見られました。○○さんたちが掃除した部分はいつもきれいになっており、他の班の手本となっています。

掃除リーダーとして、班の誰よりも早く掃除場所に向かい、一番最後まで掃除をしています。ふざけてしまう友達にも**注意**をするなど、リーダーとしての役目をきっちりと果たしてくれました。

4月の**学校探検**では、1年生の手を引いて学校のことを親切に教えてあげる姿に、2年生としての責任感を感じました。今ではすっかり1年生から頼られるお兄さんです。

縦割り活動の際には、1年生にやさしく声を掛ける姿が見られました。給食前の手洗いにも手を引いて連れていき、せっけんで上手に洗う方法も教えてあげるなど、立派な手本になっていました。

トイレ掃除など周りが嫌がるような仕事にも、積極的に黙々と取り組むことができます。おかげで2年生のトイレはいつもきれいで、みんなが気持ち良く使うことができます。

お楽しみ会では**飾り係**のリーダーとして、同じ係の友達と協力しながら学級の飾り付けをしてくれました。そのおかげで、当日はとても素敵な雰囲気の中でお楽しみ会を行うことができました。

係活動で失敗をしてしまった際、友達のせいにせず、自分の責任だと認めることができた○○さん。その責任感の強さと正直さに、とても感心させられました。

自分が使ったものは責任をもって片付けることができます。砂場で遊んでいたときに、最後に使った道具をきちんとすべてそろえ、それを水で洗っている○○さんの姿に感心させられました。

クラスの**並ばせ当番**として、**教室移動**の際には学級のみんなに早く並ぶよう声を掛け、整列の声掛けもしっかりとやることができます。学級全体を動かす姿に、リーダーの素質を感じました。

学級委員として、クラスの友達に指示を出したり、点呼を取ったりする仕事に責任をもって取り組むことができました。自分の責任をきちんと果たそうとする姿勢は、他の友達の模範となりました。

○○**係**のリーダーとして、友達の意見を取り入れながら引っ張っていこうとする姿勢が随所で見られます。毎日コツコツとクラスのために活動しようとするなど、責任ある行動ができています。

給食の身支度が素早く、**当番**でなくてもすすんで皆のために働く姿は、クラスの手本となっています。配り物にもよく気が付き、「やります」といつも気持ち良く仕事をしてくれました。

「もっと見たい」「もっと知りたい」という好奇心や探究心をもっています。1年生と一緒に**学校探検**をして、目をキラキラと輝かせながら取り組んでいる○○さんの姿がありました。

「**町たんけん**」では、郵便局班のリーダーになりました。班のみんなが安全に道路を横断できるよう気を配ったり、郵便局で進行役を務めたり、リーダーとしての自覚があり、安心して任せられました。

当番活動を責任をもってやり遂げることができました。**整頓係**になり、帰る前に必ずみんなに机と椅子の**整頓**を呼び掛け、クラスの意識も高まりました。最後に見届け、確認をする姿に感心しました。

金魚の**餌やり当番**の仕事を毎日欠かさず行いました。水槽の水替えの方法を家で調べてくるなど、自分の仕事に責任をもつとともに、生き物を大切にする気持ちが育っています。

やるべきことを理解していて、**日直**や**当番**の仕事をすすんで行うことができます。自分のことだけでなく、クラス全体に声を掛けたり、当番の仕事を手伝ったりして、クラスに貢献しています。

1年生との**学校探検**では、廊下を静かに歩きながら1年生を案内できました。けがをさせないように階段では手すりを持つように伝えるなど、2年生としての自覚が感じられます。

掃除や**給食当番**の仕事を欠かさず行うだけでなく、友達にも声を掛けて仕事を促す姿からも「やるべきことをきちんとやろう」という気持ちが伝わってきました。

何事にも粘り強く取り組むことを目標に、日々生活しました。**日直**や**係活動**など、任された仕事は最後まで責任をもってやり遂げるなど、役割を果たす姿を多く見ることができました。

生き物係として**植物の水やり**や金魚の世話を欠かさずに行いました。自分が決めたことは最後までしっかりやり遂げようとする姿が学級の手本となり、学級をより良い方へリードしてくれました。

自分の**当番**の仕事を毎日欠かさず行うだけでなく、休んだ友達がいると「代わりにやります！」とすすんで助けてくれます。クラスのために気持ち良く仕事をしてくれています。

ゆうびん係として、**手紙**を教室まで持ってくる仕事を毎日欠かさず、責任をもってこなしてくれました。友達が忘れているときも、優しく声を掛けてくれて助かりました。

音楽会では、学年の代表として自分たちの歌う曲を紹介しました。責任感をもって取り組み、何度も練習を重ねた結果、当日は堂々と話すことができ、終わった後の充実した顔が印象的です。

給食や**掃除当番**など、自ら仕事を探しててきぱきと行動することができました。給食準備のときは、ふきんで配膳台を端から端まで丁寧に拭く姿が見られました。

1 「ポジティブな行動特性」に関わる文例
（5）「創意工夫」を凝らした活動ができる児童の所見文

主な
行動特性

よく考えて行動／効率を考えて行動／友達に提案／ノートなどにメモ／色分けして記入／好奇心・探究心がある／自由な発想で表現／発想が豊か／ユーモアあふれる会話／友達の意見を生かす／ゲームや遊びを考案

課題が早く終わると、担任と相談しながら次にできることはないか考えて行動できています。**読書**をしたり、絵を描いたりして、主体的に動きながら学びを深めることができました。

教室の掲示物に上手に色を塗って、クラスの楽しい雰囲気をつくりました。○○さんのおかげで、**学級パーティー**をみんなで楽しく過ごすことができ、クラスの絆が深まりました。

お誕生日係になり、タブレット端末で写真を撮って掲示したり、カードにお誕生日の友達の好きな絵を描いたり、どうしたらみんなが喜ぶか考えてアイデアをたくさん出すことができました。

デコレーション係の活動で、**図工**で学習した切り紙を生かして教室を飾る姿が印象的です。クラスのみんなに好きな色を聞いてその色を使うなど、クラスをより良くするという意識が育っています。

掃除の時間は、楽しく素早く掃除を終わらせる方法を考え、友達に提案しています。教室の掃除では、床拭きの方法や机運びの分担などを工夫して実行し、早く終わらせることができました。

「もっと見たい」「もっと知りたい」という好奇心や探究心をもっています。1年生と一緒に**学校探検**をして、目をキラキラと輝かせながら取り組んでいる○○さんの姿がありました。

1年生を迎える会では、1年生の立場に立って企画を考えていました。歌を替え歌にするアイデアやペンダントの絵の工夫など、たくさん提案してくれました。もうすっかりお姉（兄）さんです。

展覧会に向けて、独自のアイデアを生かして、他の人が見て面白い、楽しいと感じるような道具の使い方や色づかいの工夫をしています。思いのままに自由な発想で表現することができています。

給食当番のとき、素早く盛り付けを行うためにはどうしたらよいかを考えていました。友達に効率の良い盛り付け方法を提案して、いつもよりも早く食事の準備を終わらせることができました。

クラスのボールの片付け場所をみんなで考えていた際、新聞で輪の台を作ってきました。ボールを小さい順に並べれば取りやすいと話していました。豊かな発想に友達も感心していました。

係活動の目当てをみんなに分かりやすく伝えるために、色づかいや道具を使い分けながら掲示物を作成しました。相手の立場を考え、自分なりの工夫をすることができています。

飾り係として、毎月の飾りを計画的に作成して、クラスの雰囲気を明るいものにしてくれました。季節の行事に合わせて、折り紙の折り方を調べて意欲的に活動をすることができました。

体育の「ボールけりゲーム」では、みんなが楽しめるルールの工夫を考え、ゲームをすることができました。チームに攻め方の工夫を伝えるなど意欲的に活動する姿が見られました。

日直の際に行うスピーチでは、毎回皆が笑顔になる話題で学級の雰囲気を温かくしてくれました。ユーモアあふれる会話に、○○さんの周りにはいつも友達が集まっています。

毎月のお誕生会ではゲーム担当になり、ルールの説明を考えたり、当日はみんなを盛り上げようと大きな声で演技したりして、活動を工夫することができました。

係活動では「やきゅう けんきゅう会」として友達と協力し、自分が知っている野球の知識やバッティングのポイントなどを紙に書いて掲示することで、楽しく発信することができました。

毎朝、学校へ来たら教室の窓を開けて空気の入れ替えをするなど、自分の頭で考えて良いと思ったことは率先して行うことができます。そうした模範的行動が、友達からも称賛されていました。

給食当番を行っていた際、全員の給食の量が同じになるように、ご飯は最初に大きく4等分にするなど見立てを行って配膳していました。日々の生活の中で、工夫する姿勢が見られます。

学級会では、自分の意見を発言するだけでなく、友達の意見を生かしたり、より良い方法を考えたりして発言することができました。それにより話し合いが深まりました。

なかよし係になり、学級のみんながもっと仲良くなるためにアイデアあふれるゲームや遊びの工夫を考えました。その内容をみんなに分かりやすく説明して、集会を成功させることができました。

生き物係になり、ザリガニなどのお世話について、みんなに分かりやすく伝えるためにカードを作成したり掲示物を作ったりするなど、さまざまな工夫を凝らすことができました。

生き物係になり、生き物の飼育方法をタブレット端末で調べました。みんなに伝えたいことを分かりやすくプレゼンテーションにし、スクリーンで説明するなど工夫を凝らすことができました。

クイズ係として、クイズ大会を毎週開いてくれました。係の友達と○×の札を自分たちで作ったり、効果音を付けたりする工夫でクラスを盛り上げてくれました。

休み時間になると、男女関係なく外で元気に遊んでいます。大好きな鬼ごっこでは、○○さんを中心に全員が楽しめるよう鬼を交代でやったり、いろいろな種類の鬼ごっこを提案したりしています。

掃除用具入れが汚いことに気付き、みんなのためにポスターを作製して、整理整頓を呼び掛けていました。おかげで掃除用具入れがとてもきれいになりました。

1 「ポジティブな行動特性」に関わる文例
（6）「思いやり・協力」の姿勢がある 児童の所見文

主な行動特性

いつも優しく穏やか／相手の気持ちを考えて行動／友達と協力して取り組める／困っている友達に声掛け／誰に対しても優しい／男女分け隔てなく行動／物や順番を譲る／休んだ友達を心配／友達の気持ちになって行動／常に笑顔

友達と助け合いながら生活しています。**給食当番**の仕事では、重い食缶を声を掛け合いながら運び、仲良く配膳していました。友達の力があれば、大変なことも楽しくできると実感していました。

いつも優しい○○さん。その穏やかな人柄は、みんなに愛されています。困っている友達を見つけると、いてもたってもいられず、声を掛けたり、助けようとしたりしてくれます。

友達に「遊ぼう」と誘われると、誰とでも仲間になって一緒に遊ぶことができます。誰に対しても分け隔てなく接することができ、男女関係なく周囲に慕われています。

いつも穏やかな気持ちで友達に接することができます。相手の気持ちを考えながら話すことができるので、友達からも大切にされています。**当番活動**では、友達と協力して取り組むことができました。

いつもたくさんの友達に囲まれて過ごしています。誰に対しても優しく接し、助け合うことができます。そのため、○○さんと一緒に過ごすと、みんな笑顔になります。

1年生との**学校探検**では、手をつなぎながら歩き、学校のことを優しく教えてあげていました。2年生ながらも下級生を思いやる気持ちをもち、仲良く活動している姿に感心しました。

転んだ友達に「大丈夫？」と優しく声を掛け、手を差し伸べる姿が見られました。誰に対しても優しく接することができ、男女関係なく多くの友達に囲まれています。

生活科のまとめ方に友達が困っていると「大丈夫？」と声を掛け、優しく話を聞き、やり方を教えてあげていました。そうした行動が頻繁に見られることもあって、みんなから慕われています。

友達が落とした色鉛筆をすすんで拾ってあげていました。また、のりを忘れた友達に自分から声を掛け、貸してあげていました。困っている友達には必ず声を掛け、手を差し伸べる優しさがあります。

いつも周りの友達の話をニコニコとやさしい笑顔で聞いてあげることができます。強く自分の意見を主張することがないので、周りの友達からも好かれ、信頼されています。

隣の席の友達に勉強を優しく教えてあげていました。誰にでも誠実に接することができるため、男女関係なく周囲に輪ができており、○○さんといるとクラスの友達も安心するようです。

学級の友達が休んだときには、誰よりも心配をしてくれる○○さん。お休みの友達への**お手紙**にはやさしい言葉を書いてくれるので、それが休んだ友達への大きな励ましとなっています。

掃除の時間に重い机を運んでいたり、高い場所を掃除したりしている友達を見ると、すかさず手伝っています。友達と協力し合いながら生活しようとする気持ちが感じられます。

「消しゴムをなくしてしまった」と言う友達に、自分の消しゴムを貸してあげるだけでなく、**休み時間**には一緒に周りを探してあげる姿に○○さんの優しさを感じました。

泣いている友達に「どうしたの？」と優しく声を掛けていました。一人で遊んでいる友達には「一緒に遊ぼう」と声を掛けるなど、みんなが楽しく過ごせることを常に考えています。

運動会のダンスの練習では、休み時間に周りの友達に声を掛けて、毎日一緒に練習する姿が見られました。運動会当日はその協力の成果が見事に現れました。

隣の席の友達が教科書を忘れたときなど、嫌な顔をせずに見せてあげる姿に○○さんの優しさを感じることができました。逆に○○さんが困っているときには、周りが手を貸してくれます。

給食当番の際、自分の仕事が終わるとまだ終わっていない友達の仕事をそっと手伝う姿が見受けられました。相手の立場を考え、友達と協力しながら学校生活を送ろうとする姿勢が伝わってきます。

得意なドッジボールで活躍しました。ボールを投げたり捕ったりするのも上手ですが、それ以上にチームの仲間を思いやり、まだボールを触っていない友達にパスする優しさに感心します。

遠足の山登りのとき、転んで列から遅れてしまった友達に優しく声を掛け、一緒に歩く姿が見られました。日頃から、友達の気持ちになって行動できる優しさに感心します。

友達に対し、**休み時間**が終わるときには時間を守るよう積極的に声掛けをしています。集団として他者と協働して生活することの自覚をもち、思いやりをもった行動ができています。

１年生の手本になろうという気持ちをもっています。校庭で転んで泣いている１年生を保健室まで連れて行ってあげたり、一人でいる子に声をかけたり、下級生に自然と優しい行動がとれます。

１年生との**虫取り**のときには、全く虫を捕れない友達がいるのに気付き、バッタをあげる姿が見られました。もらった子もとても喜んでおり、○○さんのお兄さんらしい一面を見ることができました。

運動会の大玉転がしでは、率先して練習に取り組んだり、友達にコツを教えたりして、自然とチームをまとめてくれました。失敗した友達にも駆け寄って「ドンマイ」と声を掛ける姿が印象的でした。

友達が物を落としたことに気付いたとき、何も言わずに誰よりも素早く拾う姿が見受けられました。友達に対する思いやりの心が、無理なく自然にもてています。

特別支援学校から交流に来た児童に笑顔で声を掛け、すぐに仲良くなって一緒に遊んでいました。誰に対しても同じように優しい気持ちで接することができるのが○○さんの素敵なところです。

給食当番の際、友達が重い食器を運んでいると「一緒に持とう」と言って運ぶのを手伝う姿が見られました。困っている人を放っておけない、優しくきれいな心をこれからも大切にしてほしいです。

困っている友達がいるとそっと声を掛け、手を差し伸べる優しい心の持ち主です。自分のことだけでなく、周りのことにも目を配る視野の広さがあり、友達からも信頼されています。

帰りの会の「今日のキラリ」の紹介では、友達の良い所を発表する姿が多く見られました。自分の**当番**でなくても、すかさず友達を手伝う○○さんの優しさが周りにも広がっています。

生活科のまちたんけんでは、グループの中心となって見学の計画を立てていました。見学後は、友達の意見を聞きながら探検で見付けたことを協力して絵地図にまとめることができました。

折り紙をして遊んでいた際、折り方が分からずに困っている友達を見付け、自分の手を止めて手助けをする姿が見られました。友達に「ありがとう」と言われて満足そうでした。

生活科で見学に行った際、バスの隣の席の友達の気分が悪くなると、先生に報告しに来てくれました。その友達が一番前の席に移る際には一緒に移動してあげるなど、心優しい行動が見られました。

誰にでも温かい心で接し、親切にすることができました。友達がけがをしてしまったときは「大丈夫？」と声を掛け、すすんで保健室へ連れて行ってくれました。

国語の「見たこと、かんじたこと」では、友達と互いに作った詩の読み合いをしました。友達の詩の良いところをたくさん探して、教えてあげる優しさが見られました。

授業中、隣の席の友達が失敗して落ち込んでいることに気付くと「大丈夫だよ」と声を掛け、励ましてあげるなど優しく接していました。○○さんの優しさがクラスのみんなを明るくします。

前の席の人からプリントを受け取るときなども、「ありがとう」という言葉が当たり前のように出てきます。その言葉を聞いた友達も、自然と笑顔になっていました。

いつも笑顔で友達と接しているため、相手に安心感を与えます。一人でいる子にも声を掛ける優しさがあり、誰とでも仲良くしようとする温かい心で学校生活を送ることができました。

泣いている友達がいると泣きやんでもらえるように優しく声を掛けてくれます。困っている友達をそのままにせず、自分に何ができるのかを考えて行動する姿は、学級の手本となりました。

野菜づくりの活動では、困っている友達の話を聞いて、一緒に取り組みました。おいしい野菜が収穫できるのは、友達と協力できたからだと学級のみんなに話すことができました。

自分がボールを使って遊んでいるとき、ドッジボールをしたい友達がボールを借りに来ました。友達と話し合って順番で使うことを決めるなど、仲良く遊ぶことができました。

休み時間にクラスでドッジボールをする際、自分も外野をやりたかった気持ちがあったにもかかわらず、いつもやっていない友達に譲ってあげる優しい姿が見られました。

困っている友達がいるとそばに寄り添って、温かい言葉を掛けることができました。優しい気持ちが多くの友達にしっかりと伝わって、周囲から厚い信頼を集めています。

運動会の団体競技「ボール運びリレー」の練習では、クラスで協力するために円陣の掛け声を担当してくれました。当日は、クラスで一致団結して競技を行うことができました。

1 「ポジティブな行動特性」に関わる文例
(7)「生命尊重・自然愛護」の心がある 児童の所見文

主な行動特性　水やりをする／植物の成長に感動／動物の様子をじっくりと観察／餌やりをする／生き物係になる／動物の世話が好き／植物の成長を報告

「先生！今日はピンクのお花がたくさん咲いていたよ！」と、校庭に咲いている花の様子をよく教えてくれます。**休み時間**は、**栽培委員会**の上級生の**水やり**の**お手伝い**をしてくれました。

校庭で捕まえてきたバッタを虫かごで一生懸命育てようとしていました。バッタの食べるものについて図書室で本を借りて自分で調べようとする姿からも成長を感じます。

生活科での「ミニトマトの栽培」に興味をもち、丁寧に苗を植えて、毎日**水やり**をしていました。その様子を「成長記録カード」に記載し、正確な成長記録を作成することができました。

生き物係として、積極的にザリガニの世話をしてくれました。毎朝、必ず水槽の前に行き、ザリガニの様子を**観察**しています。餌やりもすすんで行うことができました。

学級で飼っている金魚に興味があるようで、**休み時間**には水槽のそばに行き、金魚の様子をじっくりと**観察**していました。図鑑で金魚の雄と雌の違いを調べ、その違いを友達に教えてあげていました。

生活科での「ミニトマトの栽培」に興味をもち、意欲的に取り組みました。ミニトマトの成長を楽しみにしていて、初めて実がなったときは、感激した様子で目を輝かせていました。

学級で飼育しているザリガニに興味をもち、**休み時間**などに水槽のそばに行き、その様子をじっと**観察**していました。図鑑で育て方を調べ、友達に教えてあげていました。

生活科での「ミニトマトの栽培」に、誰よりも意欲的に取り組むことができました。ミニトマトの成長を楽しみにしていて、黄色い花がたくさん咲いたときはとてもうれしそうでした。

学級で飼っている金魚に興味をもち、すすんで**生き物係**を引き受けて、餌やりだけでなく汚れた水槽の**掃除**もしてくれました。おかげで金魚が大きく成長し、学級の友達から感謝されています。

生き物係として、クラスで育てているカブトムシに毎日欠かさず餌をあげていました。虫かごの**掃除**も自分ですすんで行い、とてもきれいにすることができました。

モルモットの世話を一生懸命を行うことができました。高学年の子と一緒に、優しい笑顔で餌をあげている姿からも、**動物**が好きなことは十分に伝わってきます。

生活科での「ミニトマトの栽培」に取り組み、苗を植えてから、毎日**水やり**をしたり、時々肥料をあげたりしていました。初めて赤い実がなったときは、とても感動していました。

クラスで育てている野菜やお花の世話をしてくれてとても助かっています。実ができたときには新聞を作って紹介し、たくさんの友達に褒められていました。

育てている野菜の世話を一生懸命行うことができました。毎朝一番に**水やり**を行い、実がなったときは「先生！野菜ができたよ！」と満面の笑みで報告してくれました。

休み時間には、校庭の花の様子を見に行き、その様子をよく報告してくれました。「きれいな花が咲いているので、みなさんも見てください」と、**帰りの会**で紹介する姿はとても微笑ましく思います。

「休みの日に捕まえた！」と持ってきてくれたカブトムシを毎日声を掛けながら一生懸命世話をしていました。友達に世話の仕方を優しく教えてあげる姿からも成長を感じます。

（8）「勤労・奉仕」の精神がある児童の所見文

主な行動特性

仕事が丁寧／みんなの役に立とうとする／労を惜しまず仕事／陰ひなたなく活動／黙々と仕事／最後までやり遂げる／何事も真面目に取り組む／自分から声を掛けて仕事／自分の担当ではない仕事を手伝う

教室の**掃除**では、細かなところにも気が付いてきれいにしてくれています。友達には「きれいな教室は生活しやすい」と声掛けし、他の子どもたちの良き手本となっていて、頼もしい限りです。

自分が担当している**給食当番**や**掃除当番**、**係**の仕事をいつも最後まできちんとやり遂げることができます。また、真面目な態度で、丁寧な仕事ぶりは学級の友達からとても信頼されています。

日直の日には、黒板をとてもきれいにしてくれました。「先生、他にやることはないですか」と自分からお**手伝い**をしようとする姿は、クラスのお手本になっています。

決められた**給食当番**や**掃除当番**、担当している**係活動**の仕事をいつも最後まできちんとやり遂げます。その真面目な姿勢は学級の友達からとても信頼されています。

授業で使った道具や**掃除**用具を、自分の物だけでなく他の友達の分まで自分から気が付いて片付けてあげるなど、労を惜しまずに仕事をするため、周囲からとても信頼されています。

お手伝い係の仕事を一人になっても最後までやり通す強い責任感をもっています。そのため、見習おうとする友達もいて、周囲の子どもたちに良い影響を与えています。

廊下に他の子どもの持ち物が落ちていると、必ず拾って元の場所に掛けてあげる態度にはいつも感心しています。みんなの役に立とうとする態度は本当に立派です。

いろいろな**当番**や**係**の仕事をやり始めると最後までやり通す強い責任感をもっています。また、子どもたちがあまりやりたがらないロッカーの荷物の整理などもすすんで行い、とても好感がもてます。

友達が提出したノートをいつも丁寧に**整頓**してくれています。**配り係**が困っていると「手伝ってあげる」と自分から声を掛け、すすんで仕事を行っていました。

教室の**掃除**では陰ひなたなく活動して、子どもたちがあまりやりたがらない机と椅子を運ぶ仕事でも自分からすすんでやってくれます。黙々と仕事をする姿にはいつも感心させられています。

掃除の時間に、ぞうきんがけを一生懸命行いました。汚れているところを自分で見つけて夢中になって拭いている姿は、**帰りの会**で友達がみんなに紹介し、称賛されていました。

係活動に意欲的に取り組むことができました。**飾り係**として、さまざまな種類の**折り紙**を折り、教室にきれいに掲示し、友達から「すごい！」と称賛されていました。

掃除の時間は、いつもたくさんの汗をかきながら一生懸命行っています。細かいところによく気が付き、汚れているところをすすんで見つけて、きれいにしてくれました。

掃除用具が乱れていると、何も言わずきれいに、すすんで片付けていました。その様子をクラスの友達から褒められ、満面の笑みを浮かべている姿がとても印象的でした。

給食当番に、いつもすすんで取り組んでいます。与えられた仕事以外にも、遅れているところによく気が付き、自分から手伝うことができました。その姿勢はクラスの手本となっています。

体育館へ移動する際には、必ず教室のドアや窓を確認し、しっかり閉めてくれます。クラスのために何かできることはないかと常に考え、行動する姿はとても立派です。

（9）「公正・公平」を意識した行動ができる児童の所見文

主な行動特性　周りの誰に対しても優しい／「いけないことはいけない」と言える／誰とでも分け隔てなく仲良し／友達と仲良くしようとする姿勢

ユーモアがあって性格的に明るく、周りのどの子どもたちに対しても優しい態度をとることができます。そのために、学級の友達から厚い信頼を集めています。

仲の良い友達に対しても「ルール違反はだめだよ。いけないことはいけないよ」ときちんと話してあげることができます。勇気のある言動に、学級のみんなから称賛され、信頼されています。

休み時間はドッジボールをして楽しく遊んでいます。ボールを取ることができない子にボールを渡してあげて、「投げていいよ」と声を掛ける姿に心優しさを感じました。

いつも仲良くしている友達に対しても「いけないことはいけない」ときちんと話してあげることができます。これからも、誰に対しても正しい態度をもち続けてほしいと思います。

給食の時間では、いつもグループの友達と楽しくおしゃべりをしています。どんなときも素敵な笑顔で友達と接する姿にとても感心しています。その姿はクラスに良い影響を与えてくれています。

男女分け隔てなく誰とでも仲良くすることができ、**休み時間**は遊びの中心になっています。これからも学級のリーダーとしての気持ちをもち続けてほしいと思います。

授業中、いつも友達の発表に体を向けてしっかりと聞いている姿はとても素晴らしいです。たくさんのお友達と仲良くしようとする姿勢がうかがえますので、今後も続けてほしいと思います。

毎日、**休み時間**にクラスのみんなと**鬼ごっこ**をして遊んでいます。**学級会**の時間では、みんなが楽しんで鬼ごっこをするためにたくさんのルールを提案することができました。

おとなしくて弱い立場の友達に対し、温かい言葉掛けをしている姿を見かけました。思いやりがあって親切なので、周りの子どもたちからとても慕われていて、クラスの雰囲気を良くしてくれています。

誰に対しても、いつも優しく接しています。グループの友達の話をよく聞き、みんなの意見を取り入れ、**お楽しみ会**では**ゲーム係**として、楽しいゲームを企画しました。

休み時間に友達と**鬼ごっこ**をするとき、「一緒にやろうよ」と言って、孤立しがちな友達を誘っていました。思いやりがあって親切なので、周りの子どもたちからとても慕われていてます。

正しいことは正しいと素直に言えるところが○○さんの良いところです。「静かにしようよ」と、堂々と友達に声を掛ける姿に、2年生として頼もしく成長していると感じました。

1 「ポジティブな行動特性」に関わる文例
(10)「公共心・公徳心」を大切にしている児童の所見文

主な行動特性　良くないと思ったら断る／自分の信念に基づいて行動／友達に注意／決まり事やルールを守る／冷静な態度／しっかりと授業準備／生活目標を意識して行動

誰も見ていなくても、いつも一生懸命にしっかりと**掃除**をすることができます。特に、教室を掃除するときは、いつもみんなの机をきれいに拭いてくれます。その姿に、とても感心しています。

学校の決まりやルールをよく守って、楽しく学校生活を送っています。決まりは自分たちがより良く生活できるためのものであると理解し、落ち着いていて冷静な態度が素晴らしいです。

電車に乗って駅と市立図書館を見学する**校外学習**に出かけたとき、乗客の人たちや見学者の人たちに迷惑を掛けず、グループの友達と静かに見学をすることができました。

自分のことだけでなく、友達が望ましくないことを言ったり、やったりしていると気が付くと、**注意**してあげる勇気があります。いつも真面目な態度で生活する姿に、とても好感がもてます。

忘れ物をせず、しっかりと**授業の準備**を行っている姿はとても素晴らしく、クラスのお手本になることができました。**宿題**も毎日欠かさず行い、提出してくれています。

友達から誘われても、良くないと思ったことは、はっきりと断ることができます。人の話にもよく耳を傾け、自分の信念に基づいて行動しようとする態度が、学校生活のあらゆる場面で見られます。

授業中は目を見ながら一生懸命話を聞き、言われたことをすぐに実行することができます。真面目に取り組もうとする姿勢が見られ、今後がとても楽しみです。

チャイムが鳴る前に教科書やノートをしっかりと準備し、良い姿勢で待つことができています。**授業**に余裕をもって参加する姿勢が身付いていることが分かりますので、これからも続けましょう。

学校の決まり事やみんなで決めた学級のルールをよく守って、学校生活を送っています。友達の行動の正しい・正しくないを判断することもでき、落ち着いていて冷静な態度が素晴らしいです。

「廊下を走らず、歩こう」という生活目標について、「急いでいても、落ち着いて歩きます」と目標を立て、気を付けて行動することができました。2年生として大きく成長したなと感じました。

学級のみんなで使うボールや長縄跳びなどを大切にし、使った後はすすんで所定の場所に片付けていました。みんなが使う物をいつも気にかけ、大切にしていこうとする行動はとても立派です。

2 「ネガティブな行動特性」に関わる文例

（1）「基本的な生活習慣」が身に付いていない児童の所見文

チャイムが鳴って**授業**が終わると、すぐに気持ちを切り替えて次の授業の準備に取り掛かることができるようになってきました。声掛けされなくても自分からできるようになってきています。

忘れ物をする日が続き、学習に集中できないことがありました。準備をしっかりとする習慣が身に付けば、落ち着いて学習に取り組むことができます。学校でも声を掛けていきます。

給食の時間は、食べる時間が間に合わないこともありましたが、少しずつ間に合うようになってきました。嫌いなものでもチャレンジして食べようとすることができるなど、成長を感じました。

以前は、次の**授業**の準備をするのが苦手でしたが、今では、チャイムが鳴って**授業**が終わると、すぐに気持ちを切り替えて次の授業の準備に取り掛かることができています。

２年生になってからできるようになったことがたくさん増えました。**あいさつ**も元気よくできることが多くなってきました。あいさつの大切さを感じられるように日々声を掛けていきます。

整理整頓に苦労している姿が見られましたが、一緒になってじっくり行うことで、一人でできるところも増えてきました。さらにできるようになるよう、今後もサポートを続けていきます。

机の中やロッカーを**整理整頓**できるようになってきました。自分で使った物を元に戻すことができるようにもなってきており、いつでも必要な物を取り出すことができています。

休み時間は遊びに夢中になり**授業**に遅れることもありましたが、チャイムが鳴る前に**着席**ができるようになり、集中力も向上してきました。けじめのある生活が身に付いてきています。

時間通りに行動することに、戸惑いを感じていたこともありましたが、友達と声を掛け合いながら行動することで、少しずつ改善してきています。今後も励ましていきたいと思います。

あいさつだけでなく、徐々に「ありがとう」「ごめんなさい」の言葉も言えるようになってきました。学校の先生方や来校者の方々にも、気持ちの良いあいさつをする姿がよく見られます。

最初の頃は提出物を忘れることもあったのですが、前日に準備物を確認する習慣が身に付き、徐々に減ってきました。今後もその姿勢が続くように声掛けを重ねていきます。

2 「ネガティブな行動特性」に関わる文例
（2）「健康・体力の向上」において課題がある児童の所見文

進級当初より、嫌いな献立の給食でも嫌な表情を表すことなく食べる努力をしています。今では食べられない物もなくなり、少ない量ではありますがほぼ毎日完食しています。

体育の鉄棒には、なかなか積極的に活動に取り組むことができませんでしたが、休み時間に特訓をして少しずつ興味をもつことができたようです。今後もサポートしていきたいと思います。

持久走記録会の練習では、時折諦めてしまうことがありましたが、本番では最後まで走ることができました。今後も体力の向上に向けて、継続して取り組めるように声を掛けていきます。

進級当初は給食の献立に好き嫌いがあり、食べ残してしまうこともありましたが、嫌いな物でも少しずつ食べる努力をして、今では食べられない物もなくなり、ほぼ毎日完食しています。

プール遊びの学習では、苦手意識から途中で諦めてしまう場面もありましたが、励ますことで勇気を出してプールに入り、その楽しさに触れることができました。

休み時間は教室で**折り紙**をして遊ぶことが多かったですが、友達の影響からか**外遊び**を楽しむ姿が見られるようになってきました。外で元気良く遊ぶことの楽しさに気付いてきたようです。

外遊びがあまり好きではないようでしたが、こちらから声掛けすることで、友達と仲良く遊ぶ姿が見られるようになりました。〇学期も元気に外遊びができるよう声を掛けていきます。

運動会のダンスでは、うまく踊れずに苦労する場面がありましたが、友達のまねをすることで少しずつですが、踊れるようになりました。運動する楽しさが味わえるように今後も支援していきます。

進級当初は**外遊び**をあまりやりたがりませんでしたが、今では友達と一緒に**遊具**で遊んだり**鬼**ごっこをしたりすることが楽しいようです。最近では元気に外遊びをする姿が見られます。

入学当初、時々眠そうな表情をしていることがありましたが、学校で取り組んでいる「**早寝・早起き・朝ごはん**」を続けて行った結果、毎日活発で健康に過ごすことができるようになってきました。

2 「ネガティブな行動特性」に関わる文例
（3）「自主・自律」を意識した行動ができない児童の所見文

朝の支度などに時間がかかってしまい、周りの友達に手伝ってもらうことがありましたが、少しづつ自分でできることが増えてきました。この調子で、できることを増やしていってほしいと思います。

最初の頃は学級での自分の仕事を忘れることがありましたが、少しずつ忘れなくなってきて、担任から指示をされなくても自分から仕事を確実に行えるようになりました。

自分で決めた目標に対して、投げ出してしまいそうになることがありましたが、友達や担任の助けを借りながら、一つ一つクリアできるようにと努力することができました。

友達と遊んでいるとき、ルールが守れずにけんかになってしまうことがありましたが、クラスで遊ぶときの約束を決めてからは、約束を守ろうとする姿勢が見られるようになりました。

当初は指示があるまで行動を控えるなど慎重な行動が目立ちましたが、自分の考えで行動したことを称賛されてからは、自主的に行動できるようになってきました。

学習活動で分からないことがあっても、当初は声を掛けるまで一人で悩んでいる姿が見られましたが、少しずつ自ら質問できるようになり、課題を解決したいという気持ちが芽生えてきました。

学級会の際、自分の考えを言えない場面が何度も見られましたが、ワークシートに考えを書くことによって頭の中を整理したことで、自分の考えを言えるようになってきました。

いつも友達に合わせて動くことの多かった○○さんですが、**虫取り**のときには、率先して草むらの中に入っていく姿が見られました。この調子で他のことにも挑戦していってほしいと思います。

自分の意見を発表することに苦手意識をもっていましたが、**学級会でお楽しみ会の計画**を立てたときには、みんなで**フルーツバスケット**をしたいということを理由とともに発表することができました。

なわとびの二重跳びができず、当初は練習にも消極的でしたが、友達に促されてからは自ら**休み時間**を使って練習を重ねました。練習の甲斐あってできるようになり、自信がついたようです。

休み時間、遊びに夢中になっていて、時間通りに教室に戻って来られないことがありましたが、「一緒に戻ろう」と誘ってくれる友達と一緒に戻る習慣ができ、時間を守れるようになってきました。

登校した後、**朝の準備**をしないまま、外に遊びに行くことが多かった○○さんですが、周りの友達の様子を見て、徐々に支度を済ませてから遊びに行くことができるようになってきました。

（4）「責任感」を伴った行動ができない児童の所見文

給食当番の仕事に初めのうちは消極的でしたが、盛り付け方に慣れてくると友達のために働くことの良さに気付き、前向きに給食の準備・盛り付けをするようになりました。

体育当番でボールの片付けをするときに、同じ当番の友達のやることが多かったため個別にお願いをしたところ、快く引き受けてくれました。今後もすすんで取り組んでくれることを期待します。

これまでは自分の当番の仕事を忘れてしまうことがたびたび見られた○○さんですが、虫取りで自分が捕ったバッタの世話は一日も欠かすことなく行っていました。

係活動では、自分の担当を忘れてしまうことが何度かありましたが、友達と一緒に行うことの楽しさを味わってからは、責任をもって行えるようになりました。

外遊びが大好きなため、休み時間の係活動がおろそかになることがありましたが、友達に仕事をお願いされると快く引き受けていました。自分のやることへの責任感が芽生えてきています。

給食当番では、前向きに取り組めない様子がよく見られましたが、盛り付けの仕方を友達に称賛されて以降は、すすんで取り組むことができるようになりました。

普段は自分の主張を通そうとすることの多い○○さんですが、音楽の授業でリズム打ちをしたときには、班のみんなをまとめ、学級で一番息の合ったリズムを披露してくれました。

遊んだものの片付けがあまり得意でないようでしたが、体育当番になったときには、クラスのみんなが使ったビブスを最後の一枚まで丁寧にたたんでくれました。

学級文庫を借りて読んだ後に、本棚に戻せないことが何度かありましたが、**道徳科の授業**でみんなの物を大切に使うことの大切さを学んだことで、本棚へ戻す行動を意識できるようになってきました。

掃除の時間では当初、集中して掃除を行うことが苦手なようでしたが、掃除をすると気持ちよく過ごせることに気付いてからは、隅々まできれいにしようと前向きに取り組んでいました。

学期の最初の頃は、**係活動**に取り組むのが難しいこともありましたが、新しい係活動を始めたことで、楽しく活動することができました。最後まで続けることができ、責任感が育ってきました。

朝、**宿題**を提出してから遊びに行くことになっているところ、そのルールを守らず遊びに行くことがありました。黒板に朝の手順を明記することで、宿題を提出することへの意識が高まってきました。

2 「ネガティブな行動特性」に関わる文例

（5）「創意工夫」を凝らした活動ができない児童の所見文

授業中は、デジタル黒板をよく見てタブレット端末に書き写すことができました。友達の考えも取り入れながら、教師の話や自分の考えも織り交ぜて学習ができるようになるよう支援していきます。

友達と一緒に活動することが増えました。友達の良い点や工夫を積極的に取り入れ、より良く表現しようとする姿に成長を感じます。チャレンジしてみようという前向きな姿勢が素敵です。

「**町たんけん**」の発表では、画用紙に絵を描いたり、キーワードを書いたりすることをアドバイスすると、さらに工夫を凝らし、紙芝居で発表することを思いつきました。クラスでも大好評でした。

授業中は、板書をよく見て自分のノートに書き写すことができました。友達のノートもヒントにしながら、教師の話や自分の考えも織り交ぜてノートづくりができるようになるよう支援していきます。

話し合いで自分の意見を言うのが苦手なようでしたが、一度紙に書いてから話すように工夫して以降、積極性が出てきています。少しずつ、充実した話し合いができるようになってきました。

国語の音読劇発表会に向けて、グループでの話し合いから登場人物や場面の様子が伝わる工夫を考えることができました。何度も練習に取り組み、発表会では大きな拍手をもらっていました。

持ち物の管理が少しずつできるようになってきました。落とし物をしないように自分の持ち物に名前を書くなど、自分の課題としている部分を補おうとする姿勢が立派でした。

クラスの文集を作る際、過去の文集を見てイメージが湧いてからは、どんどん作業を進め、世界に一つだけの文集を作ることができました。これからも力を発揮してくれることを期待しています。

明るくユニークな発想で発言し、生活を楽しいものにしてくれます。時おり、度がすぎてしまうことがありましたが、徐々に切り替えをしっかりして行動できるようになってきています。

自分で選択する機会を増やしたところ、徐々に自分の思いを形にできるようになってきました。もともと素敵な発想をもっているので、これからも自信をもって取り組んでほしいと思います。

係活動に慣れ、友達と活動のアイデアを出し合って活動の予定を考えることができました。話し合いの中で、少しずつ自分の考えを友達に伝えることができるようになってきています。

2 「ネガティブな行動特性」に関わる文例
（6）「思いやり・協力」の姿勢がない児童の所見文

自分の思いをしっかりともち、活動に取り組もうとしています。今後は友達の考えにも共感し、協力しながら活動を進められると、学校生活がより有意義なものとなるでしょう。

遠足ではグループで声を掛け合い、助け合い、暑い中楽しく過ごせた経験から、友達への優しい言動が増えました。周囲との関わりから○○さんの大きな成長を感じ、うれしく思います。

自分の思いを相手に伝える方法を考え、実行することを意識した○学期でした。休み時間の遊びでたくさんの友達と関わりながら楽しそうに遊ぶ姿が印象的でした。

欠席した次の日に、クラスの友達が「大丈夫？」と心配してくれたことが、とてもうれしかったようです。それ以降、友達の気持ちを思いやる、優しい言動が増えました。

常に自分の思いをしっかりともち、活動に取り組もうとしています。今後は、友達と協力しながら活動を進められると、学校生活がより有意義なものとなるでしょう。

さまざまな場面で担任の話を落ち着いて聞けるようになり、成長が見られました。自分の行動を振り返り、相手の気持ちを考えること、友達を認めることの大切さを学ぶことができました。

初めてのクラス替えで戸惑うことも多い中、班活動や学び合いを通じて、徐々に新しい友達とも協力して取り組めるようになりました。今ではすすんで周囲に声を掛ける姿も見られます。

高学年の児童が男女関係なく仲良く協力している姿を目にしてから、大きな成長が見られました。休み時間も授業中も、誰とでも仲良く協力する姿が増え、表情も豊かになりました。

縦割り活動では、ペアの1年生の話を一生懸命聞いていました。○○さんがいつも真剣に話を聞いてくれるため、ペアの1年生が安心して過ごせている様子も見受けられました。

友達との関わりの中で我慢することや相手の気持ちを考えることができるようになってきています。「友達の嫌がることはしない」ということを意識できるようになり、成長が感じられます。

行事など集団で行動することが苦手なようでしたが、チーム対抗戦で勝ったことをきっかけに楽しそうに参加するようになりました。仲間と何かを成し遂げる楽しさに気付いた様子がうかがえます。

友達との関わりの中で、何気ない一言が相手を傷つけることを理解できるようになってきています。「相手の気持ちを考えた言葉掛けをしよう」と気を付けることができました。

2 「ネガティブな行動特性」に関わる文例
（7）「生命尊重・自然愛護」の心がない児童の所見文

学級で育てているザリガニが苦手で、すすんで世話をすることがありませんでしたが、ザリガニの赤ちゃんを見たことで、えさやりや水替えをすすんで行う姿を見ることができました。

自分の成長を振り返る活動では、今まで生きてきたことを感じ取っていないようでしたが、お父さんから赤ちゃんの頃に病気をしたことを聞き、成長できている感謝を伝える姿が見られました。

最初は自らの成長過程などにさほど興味もなかった様子でしたが、お父さんから赤ちゃんの頃に病気をした話を聞いたところ、涙を流しながら産んでくれてありがとうと伝えることができました。

学期当初は植物への水やりを忘れることがありましたが、花を咲かせた植物のことをタブレット端末で調べ、分かったことをプロジェクターを使って学級のみんなに教える姿が見られました。

野菜などの育てる植物のお世話ができず、当初は友達に頼りがちでしたが、収穫できる野菜が日々成長していく様子を喜び、収穫の際にはうれしそうな笑顔を浮かべていました。

学級園でチョウの幼虫を見つけて教室で育てることになりましたが、当初は虫が苦手なようでお世話ができませんでした。見事に成虫になったチョウを見たことで、少しずつ変化が見られます。

2 「ネガティブな行動特性」に関わる文例
（8）「勤労・奉仕」の精神がない児童の所見文

掃除の時間、友達と話してしまって真剣に取り組めないこともありましたが、班の掃除長を輪番で経験していく中で、しっかりと取り組むことができる日が増えてきました。

学期当初は、掃除の時間に集中して取り組めない様子も見られました。友達から褒められたことで意識が変わり、自分の仕事が早く終わると、他の場所も手伝う様子が見られました。

自分の当番の仕事を忘れてしまうこともありましたが、仕事の内容を少しずつ理解し、できる自信がついてきたようです。これからも取り組み続けられるよう声を掛けていきます。

係活動は、友達に声を掛けてもらうと取り組むことができました。さまざまな工夫もあり、クラスを盛り上げてくれることもあります。今後は、自分から取り組めるよう指導していきます。

自分のこと以外の仕事に前向きになれない様子も見られました。少しずつ、落とし物があれば拾ったり、給食がこぼれたら拭いたりするなど、みんなのために働く姿が見られるようになりました。

2 「ネガティブな行動特性」に関わる文例
（9）「公正・公平」を意識した行動ができない児童の所見文

下校時、友達と話しながら帰るために横に広がって歩いてしまったことがあります。一斉下校の際に、校長先生の話を聞いてからは、安全に帰ろうとする意識が芽生え、行動に移しています。

休み時間、クラスレク等の楽しいことがあると、自分の当番よりも遊びを優先して外へ行ってしまうことがありました。自分のやるべきことを正しく判断できるように支援しています。

気持ちのコントロールが難しく、つい友達と言い合ってしまうこともありましたが、お互いに嫌な気持ちになることを理解できるようになり、その回数が少しずつ減ってきました。

休み時間、仲の良い友達とは楽しく遊ぶことができていました。周りにも目を向け、たくさんの友達と関わることができるようになると○○さんの良さも伝わります。

友達から注意されると思わず悪口を言ってしまい、傷つけてしまうこともありました。しかし、すぐに反省して謝ることができたのは立派です。○学期は考えてから発言するよう促していきます。

2 「ネガティブな行動特性」に関わる文例
(10) 「公共心・公徳心」を大切にしていない児童の所見文

遊具で遊ぶときの順番待ちでけんかをしてしまうことがありましたが、みんなで使うときの約束を守るよう声を掛けたところ、仲良く遊べるようになりました。

みんなで使うマジックペンを元の場所に返すことに困難がありましたが、返す場所を分かりやすく表示したところ、戻すことができるようになり、借りた物を正しく返す心が芽生えました。

知識が豊富でいろんなことを知っているため、**授業中**に話が止まらないことがありましたが、「分からない子がいたら教えてあげてね」と伝えたところ、周囲の様子を見るようになってきました。

教室や廊下で、大きな声で騒いだり、走って遊んだりしてしまうことがありましたが、周りの友達が困っていることが分かると相手意識が芽生え、少しずつ落ち着くようになってきました。

みんなが気持ち良く生活するためには、マナーを守って生活することが大切だと気付きました。自分勝手な行動をしているとみんなが困ってしまうということを理解できるようになりました。

3 「学習面の特性」に関わる文例
（1）国語に関わる所見文

◆「知識・技能」に関わる文例

特性キーワード 句読点の打ち方を理解／かぎの使い方を理解／平仮名・片仮名の使い分け／上位語と下位語を理解／擬声語・擬態語を理解／正しい筆順

教材「声のものさしをつかおう」で、**音節**と文字の関係やアクセントによる語の意味の違いに気付き、アクセントの違う言葉を集めて、意味の違う文を作ることができました。

教材「えいっ」で、言葉には事物の内容や経験したことを伝える働きがあることと、前の文章と後ろの文章をつなぐ**接続助詞**の働きが理解できました。接続助詞を用いた文章を書くこともできました。

説明文「すみれとあり」では、文中の**主語**と**述語**との関係に注意し、すみれとありの変化や行動に注意しながら、その関わりをノートに書いて説明することができました。

教材「『かんさつ発見カード』を書こう」で、**句読点**の打ち方や、**かぎ括弧**の使い方を理解できています。また、句読点の打ち方、かぎ括弧の使い方を理解した上で、文章を書くことができます。

物語「きつねのおきゃくさま」では、文の中における**主語**と**述語**との関係に注意して、様子を表す言葉に気を付けながら登場人物の行動や様子を理解することができました。

教材「かたかなで書く言葉」では、**片仮名**で書く言葉の種類を知ることができました。また、片仮名で書く言葉を種類ごとに集め、正しく使い分けることができます。

教材「言葉あそびをしよう」では、**音節**と文字の関係に気付くことができました。また、アクセントによる言葉の意味の違いに気付いて、「いろは歌」を歌うことができました。

教材「うれしくなる言葉」では、言葉には、気持ちを込めることができることを知り、褒める言葉には相手がうれしくなるような働きがあることに気付くことができました。

教材「『言葉のなかまさがしゲーム』をしよう」では上位語と下位語の意味を理解しています。言葉には意味による語句のまとまりがあることを知り、分かれた言葉をまとめて言うことができます。

教材「音や様子をあらわす言葉」では、**擬声語**や**擬態語**の働きと表記の仕方を理解しています。音や様子を表す言葉の感じ方の違いに気付き、正しい表記で書くことができます。

教材「こんなことができるようになったよ」で、**長音、拗音、促音、撥音**を正しく表記し、**助詞**「は」「へ」「を」を正しく使えます。**句読点**の打ち方、**かぎ括弧**も正しく使っています。

書写「はじめの学習」「かたかなの学習」で、良い姿勢や正しい鉛筆の持ち方を理解しています。正しい姿勢や持ち方に気を付けて文字を書くことができます。

書写「字形の整え方」では、**漢字**の**筆順**や画の方向、つき方・交わり方、画と画の間、中心などの字の形の整え方を理解し、後期で学習した漢字を正しく書くことができました。

教材「つづけてみよう―日記―」の例文を何度も読んで、言葉には事物の内容を表す働きと経験したことや想像したことを伝える働きがあることに気付くことができました。

教材「画と書きじゅん」で、**漢字**の練習を繰り返し行い、習う漢字の「画、画数、筆順」を理解することができました。加えて、正しい**筆順**で漢字を書くこともできました。

教材「話したいな、聞きたいな、夏休みのこと」では、話す姿勢や口形、アクセントによる言葉の意味の違いに気付くことができ、**発声**や**発音**に注意して話すことができるようになってきました。

物語「わにのおじいさんのたからもの」では、言葉にある事物の内容と経験したことを伝える働きを想起させることで、登場人物の様子や気持ちを表す言葉を見つけることができました。

教材「さけが大きくなるまで」では、文章中の**主語**と**述語**の関係を確認することで、さけが成長する過程での行動や成長の様子を読んだり、発表したりすることができました。

◆「思考・判断・表現」に関わる文例

特性キーワード 想像しながら読む／順序よく書く／大事な言葉に着目して読む／音読を楽しむ／順序に沿って書く／積極的に発言／分かりやすく書く

教材「つづけてみよう─日記─」では、毎日の生活を振り返り、経験したことや想像したことなどから、書きたいことを明確にして、必要な事柄を集めたり、確かめたりして書くことができました。

物語「えいっ」（読む、書く）では場面ごとに、くまのとうさんの行動とくまの子の気持ちを想像しながら読むとともに、くまの子になったつもりで**日記**を書くことができました。

教材「日記」（書く）では、毎日の生活を振り返り、経験したことや想像したことなどから書くことを決めて、書こうとする題材に必要な事柄を集めて、時間的に順序よく書くことができました。

説明文「すみれとあり」（読む）では、すみれの種が運ばれる様子を順序を踏まえて読み取ることができました。また、すみれとありの関係を、大事な言葉に着目して読むことができました。

教材「『生きものクイズ』を作ろう」（書く）では、クイズにしたい生きものを決め、詳しく調べることによって自分の考えを明確にし、事柄の順序、簡単な構成を考えて書くことができました。

教材「手紙を書いてつたえよう」（書く）では、**手紙**を書くことに興味をもって手紙の構成を理解し、相手を決めて経験したことなどを手紙に書くことができました。

教材「話したいな、聞きたいな、夏休みのこと」（話す・聞く）では、学級の友達によく伝わるように、自分が行動したことや経験したことを事柄の順序をよく考えて話すことができました。

教材「町の『すてき』をつたえます」（書く）では、報告する内容がよく伝わるように、事柄の順序に沿って「はじめ」「中」「おわり」の構成で、**町たんけんの報告文**を書くことができました。

物語「わにのおじいさんのたからもの」（読む、書く）では、場面の移り変わりに応じて、おにの子の様子を読むことができました。また、話の続きを想像して書くことができました。

教材「しを読もう『てんとうむし』『せかいじゅうの海が』」（読む）では、イメージの自由な広がりを通して、言葉のまとまりや響きに気を付けながら**音読**を楽しむことができました。

教材「かさこじぞう」（読む、書く）では、場面の様子や登場人物を想像しながら読むことができました。また、**音読発表会**では、友達の音読の良いところをノートに書くことができました。

説明文「さけが大きくなるまで」（読む、話す・聞く）では、季節や場所、さけの様子など、情報を時系列で捉える手掛かりとなる言葉に気を付けながら文章を読むことができました。

教材「むかしのあそびをせつめいしよう」（書く）では、調べたいあそびを決め、調べたことをメモに書き、自分の考えが明確になるように、事柄の順序に沿ってカードに書くことができました。

教材「ないた赤おに」（読む）では、場面が変わるにしたがい、赤おにや村人などの様子や気持ちの移り変わりをノートなどに書き、積極的に発言することができました。

話題に沿って話し合うことがあまり得意ではないと思っていましたが、「話したいな、聞きたいな、夏休みのこと」（話す・聞く）で、教科書の例文を参考にして積極的に話し合うことができました。

物語「いなばのしろうさぎ」（読む）では、昔から伝わっているいろいろな話に興味をもって、**音読**をすることによって場面の様子を想像を広げながら読むことができました。

「『しかけ絵本』を作ろう」（読む・書く）では、**おもちゃの作り方を理解**し、それをもとに順序を表す言葉に気を付けて手づくりおもちゃの作り方を説明する文章を書くことができました。

「学習のすすめ方」を読んで学習の見通しをもち、教材「一年間のできごとをふりかえって」（書く）の学習に取り組み、文章の間違いに気付き、正しく書くことができました。

物語「アレクサンダとぜんまいねずみ」（読む・書く）では、話の順序に気を付けて登場人物のしたことや話したことを想像して読み、あらすじをまとめて書くことができました。

◆「主体的に学習に取り組む態度」に関わる文例

特性キーワード 楽しみながら音読／読みたい本を探す／感動したことをすすんで紹介／一生懸命書く／物語のおもしろさを味わう

教材「ちいさいおおきい」では、最初小さな声でしたが、言葉のリズムや響き、声の大きさを楽しみながら音読することができました。**音読**を通して場面の様子も思い浮かべることができました。

教材「えいっ」を場面の移り変わりに注意して、登場人物の気持ちを想像しながら読むことができました。また、くまの子になったつもりで、その日に起こったことを**日記**に書くことができました。

図書館に行き、本を探す方法を身に付けているので、本で自分の知りたいことを調べたり、読みたい本を探したりしていました。図書館の上手な活用方法をよく心得ています。

すすんで他の人に話し掛けられるようになってきました。教材「『生きものクイズ』を作ろう」では、好きなことや得意なことを理由を添えて話し、友達の話を聞いて感想も言えるようになりました。

ひらがな47文字をすべて使った歌「いろは歌」があることを知り、ひらがな47文字を１回ずつ使って作られていることを確かめ、楽しんで**音読**していました。

友達がうれしくなる言葉を考え、すすんで性格や行動について褒める言葉を贈ることができました。また、友達から褒める言葉を贈ってもらったとき、うれしさいっぱいの感想を言っていました。

物語「わにのおじいさんのたからもの」の登場人物のしたことを思い浮かべながら読み、「おにの子」が見つけた宝物について感想をもちながら、話の続きを想像して書くことができました。

詩「てんとうむし」「せかいじゅうの海が」を言葉の**リズム**やイメージの広がりを楽しみながら**音読**していました。加えて、語のまとまりや言葉の響きなどにも気を付けて音読することができました。

昔話「かさこじぞう」のそれぞれの場面の様子や登場人物の気持ちを詳しく読み取ることができました。また、**音読発表会**では、好きな場面を選び、登場人物になりきって**音読**をしていました。

教材「むかしのあそび」では、昔からある遊びに興味をもてませんでしたが、「かるた」の由来について調べ、体験を通して言葉の豊かさに気付き、その**リズム**に親しみ、楽しむことができました。

「むかしのあそびをせつめいしよう」の学習で、調べてみたいあそびを決め、どんなことを調べるのかよく考え、はっきりさせてから、事柄の順序を分かりやすくして文章を書くことができました。

物語「ないた赤おに」の登場人物のしたことや気持ちや場面の様子を、楽しく人物に寄り添って読み、**読書**の世界を広げることができました。読んで感動したことについてすすんで紹介していました。

「『しかけ絵本』を作ろう」（読む・書く）では、作ることを説明する文章を繰り返し読むことで、友達に紹介したい**おもちゃ**の作り方を説明する文章を一生懸命に書くことができました。

教材「『お話びじゅつかん』を作ろう」では、お話に出てくる登場人物を決め、一番心に残ったところを絵に描かせることで意欲的になりました。つながりに気を付けてお話を書くことができました。

教材「すみれとあり」の学習では、すみれが子孫を増やすための仕組みを、ありの関わりと併せて考え、写真を活用しながら読み、すみれとありのつながりを文章で書くことができました。

生活科の学習で行ってきた「**町たんけん**」の学習をもとに、訪問したところの多くの事柄から、よく考えて必要な事柄を選び、それがよく伝わるように順序を考えて分かりやすく書いていました。

教材「きつねのおきゃくさま」の**読み聞かせ**で、同じような出来事が繰り返し起こることのおもしろさに気付き、時間を掛けて繰り返しのあるお話を書き、紹介し合っていました。

絵をよく見て、お話に出てくる登場人物を決め、自分が経験したことや想像したことを参考にして、題材に必要な事柄を集めていました。また、つながりに気を付けてお話を書くことができました。

季節や場所、さけの大きくなる様子が書かれている文章と写真を何度も対応させて、詳しく読むことができました。6枚の写真で、さけの大きくなる様子を説明する文章を書くことができました。

教材「アレクサンダとぜんまいねずみ」では、長いお話にもかかわらず、話の順序に気を付けて、おおよそのあらすじを捉え、お話の楽しさや面白さを味わいながら読むことができました。

文章が長い**物語**にもかかわらず、話の順序に気を付けて、楽しさやおもしろさを味わいながら読むことができました。また、興味・関心をもったところのあらすじを書き、発表することができました。

3 「学習面の特性」に関わる文例
（2）**算数に関わる**所見文

◆ 「知識・技能」に関わる文例

特性 キーワード	直方体や立方体の性質を理解／素早く正確に計算／筆算の仕方を理解／三角形や四角形の性質を理解／4けたの数を読める／数直線上に表現

箱の形の学習では、クラス全体での話し合いで**直方体**と**立方体**の二つに仲間分けできることに気付き、発表することができました。クラスの皆は○○くんの発表に納得していました。

たし算と**ひき算**の学習では、テープ図を基にたし算かひき算かを正しく判断することができました。□を使った式に表して、答えを求めることもできました。

長さの学習では、長さ比べを行いました。何で測るかによって長さを表す数値が違い、正確な長さを表すことができないことに気付き、そのことを友達に分かりやすく説明できました。

繰り上がりのある**たし算**の学習では、繰り上がりの手順を書き残し、正しく計算することができました。問題の間を一行ずつ開けて、計算や書き間違いをしないよう工夫がされていました。

3けたの数の学習では、数カードを使って数を表しました。10の位のカードが10枚あるときの表し方を理解し、数カードを正しく置いて数を表すことができました。

計算の工夫の学習では、たす数やたされる数を分けて計算する方法を理解し、工夫して素早く正確に計算することができただけでなく、計算方法を説明することもできました。

ひき算の**筆算**の学習では、筆算の仕方を正しく理解し、素早く計算することができています。繰り下がりのある計算も、間違えることなく正確に計算できています。

長方形と正方形の学習では、**三角形**や**四角形**の性質を正しく理解し、「辺」や「頂点」という言葉を使って、三角形や四角形の特徴を友達に説明できていました。

長方形と正方形の学習では、正方形の性質を正確に理解したことで、方眼紙に正しく作図できました。4つの角が直角か、4つの辺の長さが等しいかなど、作図後の見直しもしていました。

かけ算の学習では、毎日暗唱することに取り組んだ結果、全ての段の「上り」「下り」「ランダム」のテストに合格することができました。計算問題もスラスラと解くことができるようになりました。

かけ算の学習では、どのような場面でかけ算を用いればよいかを理解し、問題の絵をよく見て、正しく式に表すことができました。式からその場面をおはじきで表すこともできました。

4けたの**数**の学習では、4けたの数を間違えずに読んだり、数字で書いたりすることができました。大小関係をよく理解しており、**不等号**を用いて表すこともできました。

4けたの**数**の学習では、**数直線**の読み取り方を理解していました。1目盛いくつ分なのかを基準に、数直線上の数字を正しく読んだり、書き込んだりすることができました。

長さの学習では、1m＝100cmの単位関係を理解し、mをcmにして表すなど、単位の換算を正しく行うことができました。説明しながら単位を換えることができ、友達を驚かせました。

箱の形の学習では、ひごと粘土玉を使った箱の形づくりを班の人と協力しながら作ることができました。面や辺、頂点の数がいくつになるか、正しく理解することができました。

たし算と**ひき算**の学習では、たし算かひき算かに迷って立式が難しい様子が見られましたが、テープ図を基に考えたことで意味を理解し、正しく判断することができました。

4けたの数の学習では、**数直線**の1目盛りがいくつを表しているのかを一緒に確認したことで、読み取り方を理解できたようで、数直線上に表された文字をすらすらと読んでいました。

　長方形と**正方形**の学習では、正方形の性質を使って作図を行いました。正方形の定義について改めて確認すると、辺の数や角などを自分で見直し、正しく書き直すことができました。

　時刻と時間の学習では時間を求めることに苦手意識がありましたが、諦めずに模型時計を操作したり5分ごとに印をつけながら時刻を読む練習をしたりした結果、時間を求められるようになりました。

　計算の工夫の学習では、どのように計算すればよいか悩んでいましたが、「さくらんぼ計算」のやり方を何度も繰り返すうちに、工夫した計算ができるようになっていきました。

　ひき算の筆算の学習では、繰り下がりのある筆算の仕方が難しいようでしたが、諦めずに粘り強く取り組み、スムーズに計算できるようになりました。日に日に誤答も減っています。

◆「思考・判断・表現」に関わる文例

特性キーワード ノートに分かりやすくまとめられる／分かりやすく説明／友達に説明／かけ算を式で表せられる／クラスの前で発表

　たし算の学習では、2けたの計算の仕方を考えました。一の位と十の位を分けて計算すればよいことに気付き、ノートに自分の考えを分かりやすくまとめることができました。

　ひき算の学習では、2けたの計算の仕方を考えました。たし算で学習したことを生かして位ごとに分けて計算し、友達に計算方法を分かりやすく説明できていました。

　長さの学習では、長さ比べを行いました。指や鉛筆で測ると正確な長さを表すことができないことに気付き、長さの単位を使えば正確に測れることを発表することができました。

計算の工夫の学習では、筆算を使わないで計算する方法を考えました。たす数やたされる数を分けて計算し、何十にすると簡単に計算できることに気付き、友達に説明できていました。

ひき算の筆算の学習では、繰り下がりのある筆算の仕方を、学習したことを基にして考え、分かりやすくノートにまとめたり、説明したりすることができました。

かけ算の学習では、「T」の字に並べられたおはじきの数をかけ算で表せることに気が付き、かけ算を使って何通りも数え方を紙に書いて表すことができました。

かけ算の学習で、2の段の構成の仕方について考えた際には、前に学習した5の段の九九の構成の仕方を基に考え、友達に分かりやすく説明することができました。

かけ算の学習では、物の数の求め方を、かけ算を使って考えました。自分の考えを図を使ってノートにまとめ、それを用いて友達に分かりやすく説明することができました。

長さの学習で、長い物の長さを30cm物差しで測った際に、「cm」の単位では表しにくいことや、長い物の長さを表す単位が必要であることに気付き、友達に伝えていました。

水のかさの学習では、自分の水筒にどのぐらい水が入るのか調べる際に、同じ容器を使って水がいっぱいになるまで入れると調べられることに気付き、水のかさを体験的に理解することができました。

分数の学習で、二分の一の大きさについて考えた際には、なぜどちらも二分の一なのに大きさが違うのか、ノートに描いた図をもとに友達が納得するように説明をしていました。

箱の形の学習では、どうすれば正しい箱の形にできるのか、見本をよく観察して箱を組み立てることができました。また、友達と一緒に取り組み、作り方を説明することもできました。

かけ算の学習では、2の段の構成の仕方について考えました。最初は苦労していましたが、5の段の**九九**の構成の仕方を基に考えればよいことに気付き、そのことを友達に説明できました。

かけ算の学習では、身の回りでかけ算が用いられる場面探しを行いました。例を示したことで理解できたようで、かけ算で表すことのできる場面をいくつも見つけることができました。

長方形と**正方形**の学習では、いろいろな形のパズルピースを仲間分けしました。辺や頂点の数に目をつけたらよいことを友達から教わり、ピースを動かして集中して考えることができました。

時刻と時間の学習では、午前と午後を使った時刻の言い方に戸惑っていましたが、模型時計を動かして考えたことで、自分の1日の生活を午前や午後を使って言い表せるようになりました。

計算の工夫の学習では、たす数やたされる数を分けて考えられるように、図をかいて説明していくうちに、少しずつ計算方法を考え、問題を解くことができるようになりました。

苦手だった**ひき算の筆算**の学習では、繰り下がりのある筆算の手順を繰り返し声に出して読み、ノートに繰り下がりを書いていくうちに、答えを出すことができるようになりました。

◆ 「主体的に学習に取り組む態度」に関わる文例

特性キーワード 意欲的に学習／友達と活発に意見交換／主体的に計算／楽しそうに計測／意欲的に調査／集中して学習／主体的に工夫

かけ算の学習では、9の段の**九九**を工夫してつくりました。これまで学習したさまざまな方法を使って主体的に9の段をつくり、その方法を発表していました。

九九の秘密を考える授業では、「2×4」「4×2」では場面が違うことや、7の段は4の段と3の段の和であることなどに気付き、**休み時間**にも他にないかと考え続けていました。

かけ算の学習では、かけ算の答えの求め方を考えました。自分の考えをすすんでノートに書きとめ、「1つ分の数」や「いくつ分」の言葉を使って発表したりして、友達から称賛されました。

長方形と正方形の学習では、多様な形のパズルピースを仲間分けしました。辺や頂点の数に目をつけ、友達と話し合いながら意欲的に三角形と四角形に分けていました。

時刻と時間の学習では、自ら率先して模型時計を動かし、時間を求めていました。時間の求め方をすすんで友達に教えるなど、意欲的な姿勢が随所で見られました。

計算の工夫の学習では、筆算を使わなくても「さくらんぼ計算」を頭に浮かべて計算すると、計算がしやすいことをクラスの人に説明することができました。

ひき算の筆算の学習では、繰り下がりのある筆算の仕方を正確に理解し、主体的に計算問題に取り組んでいました。筆算の仕方を友達に教える姿もたびたび見られるなど学期を通して意欲的でした。

かけ算の学習では、身の回りの生活からかけ算が用いられる場面探しを行いました。友達と意欲的に教室の中を探し、式や言葉で説明することができました。

長さの学習では、身の回りにあるものの長さに興味をもち、班の人と協力してテープ図を作り、学校のいろいろな物の長さを測り、長さの理解を体験的に深めることができました。

箱の形の学習では、ひごと粘土玉で箱の形を作りました。頂点や辺、面の数など箱の形を作るのに必要なことを、班の友達と意欲的に調べ、正しい箱を作ることができました。

箱の形の学習では、意欲的に箱の形を画用紙に写し取り、切った面を組み合わせて箱を作ることができました。友達に、組み合わせ方などを丁寧に教える姿も見られました。

分数の学習で、二分の一の大きさについて考えた際には、なぜどちらも二分の一なのに大きさが違うのか、ノートに描いた図を基に、積極的に友達に説明をしていました。

分数で、紙を4等分に切り、「四分の一」の学習をした際に、切った紙から気付いたことを積極的に発表していました。「全てが同じ大きさである」など、友達の気付きにもつながりました。

クラスの誰よりも早く九九を覚え、暗唱することができました。九九の「下り」や「ランダム」も全て合格し、その後は友達の九九検定のミニ先生になって優しく教えてあげていました。

かけ算の学習では、九九を覚えるのに時間がかかっていましたが、諦めずに繰り返し唱えて練習を重ねたことで、全ての段をすらすら言えるようになりました。

苦手だったかけ算の文章題は、問題文に出てくるお菓子をおはじきに置き換えて並べたことで、かけ算の立式をすることができ、答えを求めることができました。

長方形と正方形の学習では、多様な形のパズルピースを仲間分けしました。友達に辺や頂点の数に目をつけるとよいと教わったことで、ピースを動かして集中して考えられるようになりました。

時刻と時間の学習では、時間を求めることに苦労をしていましたが、数直線を用いた友達の説明を聞いた後、自分でも模型時計を操作しながら考えるなど、主体的に工夫する姿が見られました。

苦手だった計算の工夫の学習では、ブロック操作を通してたす数とたされる数を分けて考えればよいことに気付き、答えを出すことができたことを友達から称賛され、自信を深めたようです。

ひき算の筆算の学習では、繰り下がりのある筆算の仕方を理解してからは、計算問題に意欲的に取り組めるようになりました。日々自信を深めている様子がうかがえます。

（3）**生活科に関わる**所見文

◆「知識・技能」に関わる文例

特性キーワード 分かりやすい言葉遣い／地図を読める／自分の成長に気付く／詳しく絵や説明をかく／道具や材料を適切に使える／観察記録を書ける

> 1年生との**学校探検**では、タブレット端末で撮ってきた写真をもとに職員室の入り方や図書室の使い方を1年生に分かりやすい言葉で適切に教えることができました。

> 「きょうから2年生」では、1年生と共に**学校探検**をして、職員室の入り方や図書室の使い方を、1年生に分かりやすい言葉で適切に教えることができました。

> 「きょうから2年生」では、**学校探検**をするときに必要なものは、校内の**地図**だと気付き、棟や階ごとに、撮ってきた写真を使って探検地図を作ることができました。

> 生活科では4月当初、1年生で学習したことをもとに「2年生で取り組みたいこと」をたくさん提案しました。提案しながら2年生としての自分の成長に気付く姿がありました。

> 「ぐんぐんそだて」では、教科書やタブレット端末の図鑑を見て、意欲的に野菜について調べました。ナスを育てることに決め、日当たりを考えて鉢を動かして育てることができました。

> 「ぐんぐんそだておいしいやさい」では、ミニトマトの成長の様子を写真に撮り、時系列で眺めて成長の変化に気付き、観察カードに詳しく様子を描いていました。

> 「**町たんけんをしよう**」では、振り返りごとに写真を見て、原っぱとどんぐり山の夏と秋の様子の違いに気付き、それによって**動物**の数も変化していることをつなげて考えることができました。

「**町たんけんをしよう**」では、原っぱとどんぐり山の夏と秋の草丈の違いに気付きました。原っぱではお祭りがあり、そのときに草を刈っていることをつなげて発表しました。

「**町たんけんをしよう**」では、原っぱとどんぐり山の夏と秋の生き物の大きさや種類の違いに気付きました。実際につかまえたコオロギについて、詳しく絵や説明をかくことができました。

「あそんでためしてくふうして」では、磁石を使った**魚つりゲーム**を作りました。魚の大きさによってつけるクリップの数を変えるとよいことに気付き、１年生と一緒に楽しく遊びました。

おもちゃを作りながら、みんなで使う道具や材料は必ず元に戻し、気持ち良く作業ができるようにしていました。模様をカラフルにしてぶんぶんゴマをを完成させました。

「広がれ　わたし」では、自分の変化したことを振り返り、自分はたくさんの人の中で成長していることに気付きました。ありがとうの気持ちを手紙に書くことができました。

自分の変化したことを振り返り、自分自身がたくさんの人の中で成長していることに気付くことができました。ありがとうの気持ちを**手紙**に書くことができました。

「広がれ　わたし」では、自分の成長したことを１年生の時の様子やタブレット端末にある日常の自分の写真を比べることで、できたことや経験したことを具体的に実感できました。

自分の成長したことを、１年生の時の状況と具体的に比べることで考えつくことができました。写真を見て経験したことを思い出すことで、具体的に実感できました。

「あそんでためしてくふうして」では、道具や材料は必ず元に戻すと、気持ち良く作業ができると考える片付け屋さんでした。仕組みの見本を何度も試すことで、仕組みを理解できました。

おもちゃを作りながら、みんなで使う道具や材料は必ず元に戻すと、気持ち良く作業ができることが分かりました。仕組みを取り入れておもちゃを完成させました。

「ぐんぐんそだておいしいやさい」では、**観察**の振り返りでキュウリの葉がなくなってしまったのは虫を取る世話をしなかったからだと気付きました。実ができるまでに育てて、うれしそうでした。

野菜の成長を写真に撮り、時系列でよく**観察**しました。変化の大きなところを選んで、気付いたことを発表できました。写真を見ると葉の数や草丈の変化が分かりました。

野菜を育てながら**観察記録**を書きました。気付きは発表できるので、葉の数や草丈の変化が分かるように絵を描くとよいことを、一緒に野菜を見て伝えました。

地域ケアプラザは町の人のためにあるので、利用のマナーを守って利用することが大切であることを**道徳科**の学習とあわせて考え、見学で生かすことができました。

◆「思考・判断・表現」に関わる文例

**特性
キーワード** 日当たりを考えて鉢を移動／友達の意見をよく聞く／グループの仲間と試行錯誤／みんなの前で発表／自身の考えを提案

「きょうから２年生」では、１年生と共に**学校探検**をすることで、振り返りの際に職員室の入り方や図書室の使い方を改めて確認し、自分たちも正しく使えるようにしようと考えました。

「きょうから２年生」では、**学校探検**で出会った職員には必ず**あいさつ**し、１年生に写真を撮らせてもらうように促し、名前を覚える手助けをしていました。２年生として手本になりました。

「ぐんぐんそだて」では、近くの園芸店で野菜の特徴を聞いてきました。ミニトマトが種類によって草丈が違うことを教えてもらい、図鑑の写真も確認しながら育てやすい低い草丈の株を選びました。

「**町たんけんをしよう**」では、夏と秋では公園の**植物**や生物の種類が変化していることに気付きました。町内会で草取りに参加したことも、自然の変化とつなげて発表しました。

「おもちゃランドであそぼう」では、1年生を招待するときに、目当て通りに楽しく遊べたかを確かめるために、閉会式をして感想を聞こうと考えました。1年生を大切に思い活動できました。

「おもちゃランドであそぼう」では、もっと楽しくしたいという思いを強くもち、振り返りタイムでは同じグループの友達の意見をよく聞いて、活動を決めていこうとする調整力を発揮しました。

「ぐんぐんそだておいしいやさい」では、収穫したサツマイモを使った料理を作り、パーティーを開こうと提案しました。タブレット端末を使って作り方を確認し、スイートポテトを作りました。

「あそんでためしてくふうして」では、ゴムを使って飛び出す**おもちゃ**には面白い絵や飾りを付けるとよいと考え、材料の特徴を生かし、用途に合った用具を正しく選択して完成させました。

「ひろがれわたし」では、自分のことを年表のように表すと移り変わりが分かって楽しいと考えました。小さいときの写真も用いて、自分や家族が見てうれしくなる年表を作りました。

「おもちゃランドであそぼう」では、自動車グループの友達と一緒に何度も試し、諦めずに作り上げました。うまく走ったときには周りからも「やったー」と声が上がり、達成感を味わっていました。

「**町たんけんをしよう**」では、夏と秋の公園ではバッタの数が変化したと一番最初に気付きました。気付いたことを振り返りごとに言葉で発表したことで、探検への意欲の高まりが見られました。

「**町たんけんをしよう**」では、虫を採取することに目を輝かせていました。写真コレクションを提案したところ、挑戦することができ、活動の視野を広げる姿が見られました。

「あそんでためしてくふうして」では、ゴムを使って飛び出すおもちゃに、動きに合った絵や飾りを付けると面白いと自分で撮った動画を見ることで思いつき、ひもやリボンで工夫できました。

「きょうから2年生」では、学校探検をするときにグループで相談した「1年生の手本になる」あいさつの仕方を動画で撮ってもらい、それをペアの1年生に見せることで、目的を達成できました。

◆「主体的に学習に取り組む態度」に関わる文例

特性キーワード 取り組みたいことを積極的に提案／意欲的に調査／たくさんの人と関わろうとする／継続的に取り組める

「きょうから2年生」では、1年生と共に学校探検をしました。職員室の入り方や図書室の使い方を、自らが行ってみせることで、正しく適切に教えることができました。

「きょうから2年生」では、学校探検をするときに、地図を見ながら回りやすい案内ルートを決めていました。昨年の経験を生かし、歩調を合わせることも大切だと提案しました。

「きょうから2年生」では、4月当初2年生で取り組みたいことをたくさん提案しました。昨年度の2年生との交流が心に残っており、1年生と交流したいという思いを発表できました。

「ぐんぐんそだて」では、端末のデジタル図鑑を見て、ナスを育てることに決めました。育った実を採る時期やナスの料理についても調べ、収穫した後の見通しまでもった活動ができました。

「ぐんぐんそだて」では、通学路の農家の人に土づくりについて聞いてきました。オクラの実を収穫するまで写真で記録を取り、その時々の気持ちを入れた観察記録ができました。

「町たんけんをしよう」では、原っぱの草丈が変化するのはお祭りがあり、その時に家の人も手伝いに来て草を刈っているのだと発表するなど、家族や地域の活動を調べることができました。

「町たんけんをしよう」では、夏と秋の公園の生き物の違いに気付きました。そのことを1年生に伝えたいと考え、撮った写真を使った「しんぶん」を作り、1年生に向けて発信しました。

「あそんでためしてくふうして」では、磁石を使った**魚つりゲーム**を作りました。毎時間の振り返りで得た多くの気付きを発表し、それを生かして1年生と一緒に楽しく遊びました。

「あそんでためしてくふうして」では、**おもちゃ**を作りながら、気付いたことは写真に撮り、付箋に書いて付けていました。友達と振り返りを共有しながら、動きの面白いおもちゃを完成させました。

「大きくなったぼくわたし」では、小さい頃の自分について園の先生に**インタビュー**をしたことで、自分の成長について意識し、たくさんの人と関わろうという考えをもつことができました。

「あそんでためしてくふうして」では、魚つりゲームを作りました。毎時間後、その時撮った写真を見ることで、次の活動につながることに気付き、継続的に取り組むことができました。

「町たんけんをしよう」では、夏の公園と秋の公園に生息する生き物の違いを1年生に伝えたいと考えた友達の意見を受けて活動に取り組み、1年生に向けて発表することができました。

「ぐんぐんそだて」では、デジタル図鑑を見ることでナスの育て方や実の食べ方が分かることを伝えました。友達の世話の仕方を聞いて、日当たりを考えて育てることができました。

自分のやってみたい活動を決めることに少し時間がかかりました。活動の見通しがもてるよう、昨年度の動画や色分けしたスケジュール表を見て、次の活動を決めることができるようになりました。

「大きくなったぼくわたし」では、タブレット端末に集めた小さい頃の写真を時間の流れで並べていくのか、できたことに絞っていくのか、一緒に考えて決めることができました。

3 「学習面の特性」に関わる文例
（4）音楽に関わる所見文

◆ 「知識・技能」に関わる文例

特性キーワード 演奏の技能が身に付いている／リズムに乗ってダンス／テンポに合わせて歌唱／リズム譜を見て演奏／楽器の音色や鳴らし方に気を付けて演奏

鍵盤ハーモニカの学習では、その都度課題を解決しようとする姿が印象的でした。分からない**リズム**などがあるとすぐに教師や友達に尋ね、着実に**演奏**の技能を身に付けることができました。

楽器の**演奏**にとても興味をもっているようです。「こぎつね」では、難しい指使いの部分にも少しずつ挑戦し、上達しました。**休み時間**も友達と一緒に音色を聴き合いながら練習を重ねていました。

デジタルコンテンツを活用して**範唱**を聞くことで、すぐに歌うことや、階名で**暗唱**することができています。伴奏に耳を傾けて、テンポに合わせながら積極的に歌おうとする姿勢が立派です。

「いるかはざんぶらこ」の学習では、3拍子特有の**リズム**がもつ面白さに気付き、意識して**演奏**することができました。「山のポルカ」の学習では、2つのパートを習得し、友達に教えていました。

「いるかはざんぶらこ」ではリズムに乗ってバンブーダンスを踊ることができました。ペアで踊る際も友達に丁寧に教え、クラスのみんなから賞賛されてうれしそうにしていました。

リズム譜を見て、**演奏**することができています。友達に**リズム**を教えたり、互いの**楽器**の音や伴奏を聞いて音を合わせたりして演奏する姿勢が、周囲に良い影響を与えてくれています。

鍵盤ハーモニカの指使いや、タンギングがまだ難しいようですが、**休み時間**には仲の良い友達に指使いを見てもらうなどして、諦めずに粘り強く練習している姿が見受けられます。

楽器の音色に関心をもつことが少なかったのですが、**音楽会で発表した**「こぐまの二月」の練習を通して、楽器の音色や鳴らし方に気を付けて**演奏**することができてきました。

「くるみ割り人形」から「行進曲」を聴いて、打楽器の音色の特徴に気付くのは簡単ではありませんでしたが、楽しく聴くことはできました。身体を揺らしながら音楽に親しみました。

◆「思考・判断・表現」に関わる文例

特性キーワード 歌詞の意味を考えて歌唱／思いをもって表現／生き生きと表現／感じたことを表現／思いをもって演奏／感覚的に音楽を楽しめる／楽しそうに聴く

「はるがきた」の学習では、歌詞の意味に注目して場面を想像しながら思いをもって歌うことができました。友達の意見を聞き、そこに自分なりの解釈を加えて、思いをもって表現していました。

リズムの学習では、曲想を感じ取りその曲にふさわしい表現の仕方を考え、工夫していました。また、友達が考えたリズムの良さを理解し、自分の表現に生かしていました。

歌唱の学習では、歌詞の意味に注目して場面を想像しながら歌うことができました。友達の意見を聞き、そこに自分なりの解釈を加えて、思いをもって表現していました。

音遊びの学習では、さまざまな**楽器**を体験したり友達の表現を聴いたりして、**音楽づくり**の発想を得ることができました。「**休み時間に友達と遊んでいる様子**」を生き生きと表現していました。

言葉を使った**音遊び**では、言葉の**リズム**を感じ取り、**音楽づくり**の発想をもてています。どのように言葉を音楽にしていけばよいのかについて自分の考えを積極的に表現する姿勢も素晴らしいです。

器楽合奏の学習では、トライアングルを担当し、音の長さをきちんと守って**演奏**することができました。楽曲に対する思いをもてるようになると、より素敵な演奏になります。

「虫のこえ」について自分なりのイメージをもち、音色や演奏の仕方を工夫しました。歌を歌いながら、虫の声を手づくり楽器で表現し、思いをもっ＋C529て演奏することができました。

鑑賞の学習「トルコこうしんきょく」では、繰り返しに気付き、感覚的に音楽を楽しんでいます。友達の考えもヒントにしながら感じたことを言葉で表現できるよう支援していきます。

旋律づくりの学習では、友達がつくった旋律を楽しそうに聴いている姿が印象的でした。友達のアイデアもヒントにしながら、少しずつ自分の思いを表現できるようになってきました。

◆「主体的に学習に取り組む態度」に関わる文例

特性キーワード 音楽に対して関心が高い／自然の中にある音をすすんで発見／楽しみながら鑑賞／演奏の仕方を工夫／音楽へ主体的に関わる

音楽づくり「おまつりの音楽」の学習に、意欲的に参加することができました。地域で参加したおまつりを思い出し、リズムを組み合わせて音楽を作る活動に目をキラキラさせて取り組んでいました。

リズムアンサンブルの学習では、授業で学んだことを生かし、生活の中に溢れているリズムをたくさん見つけて、教師に教えてくれました。音楽に対する関心の高さがうかがえます。

校庭で音探しを行った際には、自然の中にある音をすすんで発見していました。友達が発見した音と自分が発見した音を組み合わせて、協働的に音楽づくりをすることもできました。

鑑賞の学習では、デジタルコンテンツから好みの明るい曲調の楽曲を選んで聴いていました。生活の中に溢れる多様な音楽に主体的に関わることで、音楽活動を楽しんでいる様子がうかがえます。

「虫のこえ」に自分なりのイメージをもち、演奏の仕方を工夫しました。擬声語に興味をもち、歌うときの声の出し方を工夫して表現することができました。

「夕やけこやけ」の学習では、歌詞の内容から情景や気持ちを想像しました。友達と一緒に、絵を描いて色を塗り、思いを交流し、すすんで学習に取り組んでいました。

歌唱の学習では、自信をもって歌うことができました。自分の声だけでなく友達の声にも耳を傾け、一つの音楽を作るという意識がもてるようになると、さらに素晴らしいでしょう。

リズムアンサンブルの学習では、リーダーとして自分の思いを積極的に発信していました。友達のアイデアも自分の中に取り込めるようになると、さらに楽しく活動できるでしょう。

友達の音や伴奏に合わせて**演奏**するときに、もっと自由に表現したいという思いが強くありました。何度も演奏するうちに、楽しさを感じ取りながら取り組めるようになってきました。

3 「学習面の特性」に関わる文例
（5）図画工作に関わる所見文

◆「知識・技能」に関わる文例

特性キーワード 表現方法を工夫／曲線をきれいに描ける／道具を適切に使える／接着の仕方や組み合わせを工夫／大胆に伸び伸びと表現

「ぼかしあそび」では、クレヨンで多様なぼかし方を試していました。色の混ざりがきれいなことに気付き、表現に生かしていました。星の型紙にチャレンジし、友達にも教える姿が見られました。

「えのぐひっぱレインボー」では、画用紙にのせる絵の具の量や、順番を何度も変えながら、自分の気に入った形になるよう試していました。力加減が上手で曲線がきれいに表せました。

「めざせ！カッターナイフ名人」では、カッターナイフの使い方に慣れ、カーブも細い線も細かい切り抜きもきれいに切れ、まさに「名人」でした。安全な持ち方もクラスの手本となりました。

「はさみのあーと」では、今までの経験を生かしてはさみを自由自在に動かし、面白い形を夢中になって切ることができました。間違いを恐れず、自信をもって取り組む姿勢が立派です。

「音づくりフレンズ」では、はさみ、木工用接着剤、テープなどの扱いに慣れていました。音が鳴る材料や仕組みから、大好きなカメの形を思い付き、形や色の工夫ができました。

「いっぱいうつして」では、事前に QR コードの動画を見てきたことで見通しをもって取り組めました。**鑑賞**で、版を並べたり重ねたりしている友達の良さに気付き、目を輝かせて試す姿が印象的でした。

「ふしぎないきものあらわれた」では当初、白で描くことに戸惑いがあったようでした。絵の具を使い始めて、クレヨンが水をはじく面白さに気付き、絵の具を何度も重ねて楽しんでいました。

「ともだちハウス」では、材料の組み合わせと接着の仕方をアドバイスしたところ、自分でのりしろを工夫して、かっこいいタワーを作りました。タワーが立ち、うれしそうな姿が印象的でした。

「ふしぎなたまご」では、タブレット端末で Web 上の「みんなの図工ギャラリー」を見て、イメージを広げました。クレヨンやカラーペンを上手に使い分けて、夢のある楽しい作品ができました。

「とろとろえのぐでかく」では当初、指や手で描くことに抵抗がありました。次第に筆とは違う表現の良さに気付き、大胆に伸び伸びと表現できるようになっていきました。

◆「思考・判断・表現」に関わる文例

 思いついたことを表現／失敗してもそれを生かそうとする／イメージを膨らませて表現／こだわりながら創作／何度も試行錯誤

見通しをもつと、表現したいことがどんどんと浮かぶ○○さんです。「のりのりおはながみで」では、教科書の QR コードで事前に「せいさくのポイント」を頭に入れ、活動に集中できました。

「ざいりょうからひらめき」では、毎時間撮影している画像をスライドショーのようにして、作品紹介が作れました。友達の作品紹介を見て感じたことを振り返りに書き、作品の感じ方を深めました。

「まどのあるたてもの」では、窓を全て違う形にしたり、建物をドーム型にして滑り台を作ったり、楽しい発想が次々と生まれていました。失敗してもそれを生かそうとするなど、柔軟性があります。

「こんにちは、むぎゅたん」では、自分だけのむぎゅたんを作りたいと、穴をたくさん開けたり、角をたくさんひねり出したりして、何度も作り直しながらオリジナルのむぎゅたんを誕生させました。

「見つけたよ、わたしの色水」では、積極的に友達と色水を交換したり協力して並べたりして、活動の幅を広げました。友達の色水と自分の色水を比較したり、仲間分けしたりして楽しみました。

「あなのむこうはふしぎなせかい」では、「自分」を行ったり来たりさせながら、表したいイメージを膨らませている姿が見られました。穴の場所や形にもこだわった、正反対の世界が生まれました。

「パタパタストロー」では、作品見本を見ながら、何度も試行錯誤をして、動かしたい動きになるよう工夫していました。友達の作品を参考にしてうまく動くようになり、うれしそうにしていました。

「えのぐをたらしたかたちから」では、「紙の向きをかえたら」という友達のアドバイスで「いいこと思いついた！」と活動がどんどん進みました。偶然の模様を生かしたアイデアが生まれました。

◆「主体的に学習に取り組む態度」に関わる文例

 色や形の見え方を楽しむ／さまざまな方法にチャレンジ／最後まで生き生きと活動／新しい表現にチャレンジ／最後まで丁寧に仕上げる／高い集中力を発揮

「ともだち見つけた！」では、タブレット端末で写真を撮影しました。近くのものを拡大するだけでなく、遠くの場所や高い場所を撮影し、友達とは違う視点で形の面白さを見つけられました。

「みんなでワイワイ！紙けん玉」では、**生活科**での経験を生かし、難易度を変えられるけん玉を作りました。振り返りカードには、入りやすくするためにひもの長さを調節した工夫が書けていました。

「いろいろもよう」では、さまざまな表現や模様を組み合わせて、偶然生まれた形や色を楽しむことができました。納得が行くまで何度も何度も新しい紙に取り組む姿が印象的でした。

「わくわくおはなし**ゲーム**」では、家族と遊ぶことを思い浮かべ、マスに家族の好きな色や形を盛り込んでいました。コマも**紙粘土**で形を工夫し、最後まで生き生きと取り組む姿が見られました。

「つないでつるして」では、最初は一人で黙々と夢中になって紙をつないでいました。途中から、友達に「一緒につなごう」とすすんで声を掛け、活動をどんどん広げる姿が見られました。

「わっからへんしん」では、カラフルで飾りのたくさんついた王冠を頭に被ったまま、楽しんで変身していく姿が素敵でした。その姿はクラスの手本となり、良い雰囲気をつくってくれました。

「新聞紙とあそぼう」では当初、体全体を使っての活動に戸惑いが見られました。穴を開けたり、被ったりしていくうちに少しずつ新しいことを試すことができ、最後は満足そうな顔をしていました。

「くしゃくしゃぎゅっ」では、友達との交流がきっかけで、友達の良さを自分の作品に生かすことができました。縛ることがヒントとなり、カラフル青虫を最後まで丁寧に作ることができました。

「へんしんしよう」では、友達と一緒に活動しました。変身した写真をタブレット端末で撮って、見合ってはアイデアが広がり、付け足す作業を繰り返していました。発表も協力してできました。

（6）体育に関わる所見文

◆「知識・技能」に関わる文例

特性キーワード 多様な動きを習得／動き方にアレンジを加えて活動／リズミカルに跳躍／ボールの扱いが得意／俊敏性が高い／休み時間に何度も練習

体つくりの運動遊びではフラフープやなわとびを使って跳んだり回したりと、さまざまな動きを見つけることができました。縄やフラフープの扱い方を友達に話すこともできました。

マットを使った運動遊びでは、カエルの足うちが上手で、10回も足を叩けるようになりました。体を支える力が身に付き、補助倒立や側転も足が上がるようになってきました。

登り棒やうんていが得意で、素早く登ったり移動したりできるようになりました。友達にやり方やコツを教えてあげることもできました。安全面にも気を付け、クラスの見本となりました。

遊具を使った運動遊びでは、それぞれの行い方を理解し、腕で自分の体を支えたり、バランスをとって移動したりすることができました。動き方にアレンジを加えながら楽しく活動していました。

鉄棒を使った運動遊びでは、腹に力を入れて前回り下りでゆっくり下りたり、連続で行ったり、技のレベルを向上させることができました。**休み時間**も校庭で友達と練習に励んでいます。

走る運動遊びでは、折り返しリレーに興味をもち、走りながら決まった手でバトンをもらうことを意識し、できるようになりました。コーナーは体を傾けて走るなど大切な技能が身に付きました。

水遊びでは、ビート板に座ったり寝転んだりしながら浮く感覚を楽しむことができました。息継ぎが上手で、大きく息を吸い、止めたり吐いたりしながら、けのびで進むこともできました。

水遊びでは、ワニやカニなどの**動物**になりきり、水の中を歩いたり走ったりすることができました。水中じゃんけんや宝探しでは、息を止めたり吐いたりしながらもぐることができました。

ボールゲームでは**的当てゲーム**に興味をもち、すすんで取り組むことができました。狙いも正確で速さもあるので、高得点を取ることができます。腰をひねって投げるコツも話してくれました。

ボールを投げたり、蹴ったり、転がしたりする操作に優れています。ボールゲームでは楽しみながら**的当てゲーム**に取り組み、狙った場所へ正確にボールを投げることができました。

しっぽ取り鬼では、走る速度や方向に変化をつけながら、逃げることができました。鬼のときは逃げ手を隅に追い込みながら、タグを取りました。コツをグループに教え、クラスを優勝に導きました。

俊敏性が高く、**鬼遊び**では相手が逃げる方へ先回りしたり、速度の変化をつけたりしながら走ることができました。手つなぎ鬼では、友達と連携して相手を捕まえることができました。

表現遊びでは、忍者になりきってさまざまな技を表現しました。水すましの術では2回転ジャンプを披露し、皆を驚かせました。体を力強くしなやかに使い、題材を丁寧に表しました。

表現力が豊かで、**表現リズム遊び**では、音楽の**リズム**に乗って踊ったり、イメージした**動物**や乗り物になりきったりしながら、全身を使って表現することができました。

なわとびの「前回し跳び」ができるようになるために手たたき遊びなどの練習を重ね、5回連続で跳べるようになりました。今は二重跳び1回という新しい目標を立て、練習に励んでいます。

なわとびを使った運動遊びでは、**休み時間**に何度も練習し、前の両足跳びを連続して跳ぶことができるようになってきました。後ろにも挑戦し、少しずつコツをつかめてきています。

鉄棒を使った運動遊びでは、諦めずに練習を重ねるうちに、鉄棒の上で体を支えることのできる時間が長くなってきました。台を使っての跳び上がりをすることもできました。

水遊びでは、友達と楽しみながら水と触れ合う中で、水の中での力みが少しずつ抜けてきて、壁に手をついた状態で体を浮かせることができるようになってきました。

◆「思考・判断・表現」に関わる文例

特性キーワード 運動の場や使用する用具を工夫／楽しく遊べるように工夫／動きのポイントを学習カードに記入／題材にふさわしい動きをイメージ

体つくりの運動遊びでは、運動の場や使用する用具を工夫しながら、楽しくできる遊び方を考えていました。友達の良い動きや工夫した遊び方を伝えることができました。

遊具を使った運動遊びでは、いろいろな遊具と遊び方を組み合わせるなどして、自分たちが楽しく遊べるように工夫していました。考えた遊びを友達に教えてあげることもできました。

マットを使った運動遊びでは、より楽しく取り組めるように新しいコースを作ったり、動きを組み合わせたりしながら活動しました。友達の良い動きを見つけ、学習カードに書くこともできました。

鉄棒を使った運動遊びでは、鉄棒の上でできる遊びをタブレット端末で調べ発表しました。体を揺らして遠くまで跳ぶ競争では、動きのポイントを擬音語で表現し、友達に教えていました。

走・跳の運動遊びでは、走ったり跳んだりする各班のコースをタブレット端末で撮影し、良い部分や楽しい部分を参考にしてコースづくりをしました。記録に残して比較する良さを学んでいました。

水遊びでは、動物まねっこ遊びでいろいろな動物の動き方を選んだり、水中じゃんけんの水中での姿勢を変えたりしながら工夫していました。水中で早く走るための動き方を友達に教えていました。

的当てゲームでは、より多くの点をとることができるように、投げ方や当てる場所などを工夫していました。友達のよい動きをチームに伝えることで、チームの勝利に貢献していました。

鬼遊びでは、走るのが苦手な子も得意な子も楽しめるルールを考え、工夫しながら取り組むことができました。連携して相手を捕まえたり、鬼から逃げたりと、友達と協力することができました。

表現リズム遊びでは、生活の中の具体物についてのイメージを膨らませたり、友達と話し合ったりし、その中からふさわしい動きを選んでいました。友達の良い動きも取り入れていました。

マット運動では、友達の良い動きに対して、どのように伝えればよいのか見たり聞いたりする中で、少しずつ学習カードに書いて伝えることができるようになってきました。

マット運動遊びではクラスの見本となりました。友達に技のコツを教えてあげたり、協力したりすることもできるようになってきました。少しずつ自分の行動に責任がもてるようにもなりました。

走・跳の運動遊びでは、視点を絞ることで友達の良い動きを見つけることができるようになってきました。見つけた良い動きを友達に伝えることで自信をつけることができました。

表現リズム遊びでは、タブレット端末を活用しながら、実際の写真や絵、音を見聞きすることでその題材にふさわしい動きをイメージできるようになってきました。

◆「主体的に学習に取り組む態度」に関わる文例

特性・キーワード 意欲的に活動／友達と協力しながら活動／安全に気を付けながら活動／相手チームを称賛／友達にアドバイス／繰り返し練習

体つくりの運動遊びでは、自分の体や友達の動きに興味をもって遊んだり、競争したりすることに喜びを感じながら活動していました。目を輝かせながら、できたことを報告してくれました。

体つくりの運動遊びでは、友達と仲良く、すすんで運動に取り組んでいました。順番やきまりを守り、場の安全に気を付けながら、活動することができました。

遊具を使った運動遊びでは、順番やきまりを守って安全に取り組むことができました。全身を使っていろいろな姿勢になったり、友達と協力したりしながらすすんで活動していました。

マットを使った運動遊びでは、準備や片付けを友達と一緒に協力して行いました。活動の際にも、近くに人がいないかを考え、安全に気を付けながらすすんで取り組むことができました。

跳び箱を使った運動遊びでは、馬跳び30秒に積極的に取り組みました。グループのリーダーになった際には、声を掛けたり報告したりと、責任感をもって取り組むこともできました。

走の運動遊びでは、ルールをしっかりと守って取り組むことができます。夢中になってルールを守らない友達には、優しく声を掛けたりやり直しを促したりするなど、公正な態度で接することもできました。

走・跳の運動遊びでは、順番やきまりを守って安全面に気を付けながら、すすんで取り組むことができました。**ゲーム**では自分が負けても他のチームを称賛し、勝敗を受け入れていました。

水遊びでは、きまりをしっかりと守り、友達に**注意**をするなど、安全に気を付けて行動することができました。顔を水につけるのが苦手な友達に、励ましの声援を送っていました。

的当てゲームでは、用具の準備や片付けを友達と協力しながら主体的に行いました。思うように的にボームを当てることができない友達に対して、優しくアドバイスをすることもできました。

鬼遊びでは、負けている状況でも最後まで諦めずに取り組むことができました。転んでしまった友達に対して、すぐに駆け寄って声を掛けてあげるなど、思いやりのある姿が見られました。

表現リズム遊びでは、題材になりきり、音楽のリズムに乗って主体的に取り組むことができました。友達とぶつからないように体育館いっぱいに広がるなど、安全面にも気を付けていました。

跳の運動遊びでは、みんなと手拍子や足うち遊びを繰り返して行い、ケンパー跳び遊びやスキップが上手にできるようになってきました。今では休み時間にも校庭でケンパーゲームで遊んでいます。

跳の運動遊びでは、体を動かすことに苦手意識があり、最初のうちは自信がもてない様子でしたが、難易度の低い場での練習を繰り返していくうちに、意欲的になっていきました。

水遊びでは当初、水に対する恐怖心があったものの、ペア学習で友達と一緒に楽しみながら行う活動を通して、少しずつ意欲的に取り組めるようになってきました。

鬼遊びでは当初、鬼に捕まりやすく自信がもてなかったものの、安全地帯を作るなど遊び方を工夫することで楽しめることに気付き、意欲的に活動することができました。

3 「学習面の特性」に関わる文例
（7）特別活動に関わる所見文

◆「知識・技能」に関わる文例

特性キーワード 見通しをもって行動／丁寧に仕事／すすんで仕事を発見／時間を意識して行動／周りを見ながら行動／丁寧にノートに記録

「ようこそ！1年生」の話し合いでは、入学したばかりの1年生の気持ちを理解しながら、楽しんでもらえる工夫を考えました。給食や行事の楽しさを、紙芝居にして発表することができました。

ブック係として、みんながたくさん本を読むようになる工夫を考えました。「楽しい学校図書館」の学習で、多種類の本が図書館にあることを知り、お勧め一覧表を作って興味をもたせました。

学級リーダーとして、責任をもってクラスをまとめることができました。誰よりも先に行動し、整列させたり温かい態度と気持ちをもって声掛けをしたりと責任感あふれる仕事ぶりでした。

当番活動では配膳台の当番となり、誰よりも早く配膳台を出し、ふきんで台上を素早く拭いて、他の当番がスムーズに仕事ができるよう見通しをもって行動しました。

掃除の時間にはすすんで仕事を見つけ、隅々まで熱心に拭き上げました。「先生、こんな風になったよ！」と、雑巾が真っ黒になるほどの丁寧な仕事ぶりでした。

登校後、自分の朝の支度が終わると、名札を配ったり、まだ付けていない友達に声を掛けたりしました。周りを見ながらの行動は、任せて安心な仕事ぶりでした。

校外学習では、時計係となり責任をもって取り組みました。時計をよく見て常に時間を気にしながら、集合時間に遅れないように班のみんなに声掛けをすることができました。

子ども祭りの取り組みでは、リーダーとしてお店の工夫を考えたり、みんなの意見をまとめたりすることができました。当日は行列ができるほどの盛況ぶりで、大成功でした。

１日の学校生活の流れに沿って、１人でできることが増えてきました。やることの順番も考えながら取り組んでいるので、時間の余裕とともに友達との係、当番活動も楽しんでほしいと思います。

係活動では、スケジュール係の仕事を頑張りました。翌日の予定を書き忘れたり、字を間違えたりする日もありましたが、係の友達と仕事を分担し、協力しながら取り組む姿が見られました。

１年生からの積み重ねが成果となり、掃除や給食、日直などの当番の仕事を覚えました。誰に言われなくても、まず自分が先に取りかかれるよう、引き続き見守っていきます。

学級会では、ノート記録に挑戦しました。時間はかかりましたが、出された意見を正確に書いたり、賛成の人数をメモしたりしながら、丁寧にノートをまとめようと頑張る姿が見られました。

◆「思考・判断・表現」に関わる文例

特性キーワード よく考え判断して発言／臨機応変に対応／自分の役割を意識／効率を考えて行動／周囲をよく見ながら活動

学級会では、すすんで意見を発表しました。自分本位の意見ではなく、常に提案理由やめあてに沿って考えを整理しながら発言する姿は、みんなの良いお手本となりました。

学級会では、友達の意見を聞きながらじっくり考えることができました。どうすることがより良い方法なのかをよく考え、判断して発言することができました。

学級会では、司会に立候補し、周りを見ながら臨機応変に言葉を掛けたり、指名したりするなど、より良い会議となるように考えて取り組む姿が大変頼もしく感じました。

遊び係になり、休み時間の全員遊びを計画しました。始める前には、みんなに遊びの内容やチームの分け方、集合場所などをお知らせし、クラスみんなの楽しい時間を考えました。

毎日欠かさずに日直の札替えを行うことができました。お休みの友達がいると、次の日直に確認を取りに行くなどの優しさと、欠席している友達への気遣いが見られました。

掃除を時間内に終わらせるための工夫を熱心に考えました。高学年の掃除の様子をタブレット端末で録画したり、校務員さんへのインタビューを撮影したり、真似できる情報を集めて知らせました。

掃除の時間には、友達に声を掛けながら、効率良く掃除をすることができました。自分の担当の場所が終わった後には、友達の手伝いをすすんで行うこともできました。

給食当番のときは、素早く給食着に着替え、準備に取りかかりました。自分の役割を明確にし、食器の取り扱いも丁寧に行うことができました。時間を気にしながらの仕事ぶりも立派でした。

友達に「ちくちく言葉」を言ってしまったと、自らの言動を振り返る余裕が見られ始めました。「ふわふわ言葉」を使えたことを認め励ましながら、友達と仲良く過ごせるように支援していきます。

縦割り活動では、他学年の友達と楽しんで活動しました。楽しさのあまり、高学年の話を聞き入れられず言い合いになることもありましたので、みんなと活動するときのポイントを助言しました。

自分の当番の仕事を素早く行うことができました。時間と気持ちに余裕が出ることで、他の当番の手伝いや、自分にできそうな仕事に気付けるよう、周囲に目を向けられるとさらに良いと思います。

◆「主体的に学習に取り組む態度」に関わる文例

特性キーワード 意欲的に活動／工夫して活動／指示される前に行動／1年生に優しく声掛け／責任感をもって活動／自信をもって発表

給食の時間を楽しみにし、毎日残さず食べています。給食集会での調理員さんへのインタビューから給食を作ることの大変さを知り、感謝の手紙を書いて思いを伝えることができました。

「お掃除大すき」の学習で、掃除をすることの意味と良さについて考えました。「いつも使う場所がきれいだと、みんなが気持ち良くなる」と掃除の時間には誰よりも丁寧に床拭きをしていました。

お笑い係として、みんなを楽しませようと意欲的に活動しました。みんなを笑わせるネタを考え、帰りの会で披露したり、おもしろい漫画を描いて掲示したりと、工夫して活動する姿が印象的でした。

保健当番として、言われる前に健康観察簿を忘れずに持って行ったり、具合の悪くなった友達を優しく保健室に連れて行ったりと、責任感をもって取り組みました。

自分の**係**ではなくても気が付いたときにはすすんで黒板をきれいにしたり、係の友達に「お仕事しよう」と声を掛けたりしました。責任感をもって取り組む大切さをしっかりと理解していました。

「1年生よろしくね」の会では、緊張している様子の1年生に自分から優しく声を掛けに行きました。手をつないで外に遊びに出る様子がとても微笑ましく温かかったです。

生き物が大好きで、**生き物係**になりました。教室で飼っているめだかの**観察**をして、変化に気が付き教えてくれました。また、めだか新聞を作ってみんなに知らせるなど、意欲的に活動しました。

休み時間には、**音読カード**や**宿題**を配る作業をすすんで**手伝い**ました。自分のためだけでなく、友達のためにも楽しくお手伝いをする姿勢は大変素晴らしいです。

学級会で自分の意見に反対されたことで不満そうな顔をしてしまうことがありましたが、発表そのものを認めたり、より良い解決方法を考えたりすることの大切さを理解できるようになってきました。

当番活動では、**休み時間**など、友達に声を掛けられると一緒に取り組む様子が見られ、協力して自分の役割に自覚と責任をもってやり通す姿が見られるようになってきました。

一つ一つの作業に時間がかかってしまうこともありましたが、順序立てて説明をすることで自分のやるべき仕事が分かり、最後までやりきることができるようになってきました。

学級会では、友達の意見を黙って聞いていました。自分の考えを自分の言葉で発表することの大切さを伝え、自信をもって発表できるよう、**学級会ノート**に記入したことを読めば良いと助言しました。

「特別の教科 道徳」 の所見 で使える文例

●

このPARTでは、「特別の教科 道徳」
の所見で使える文例を紹介します。

「特別の教科 道徳」の文例

特性
キーワード

相手の気持ちを考えて行動／感謝の気持ちをもつ／物を大事にする／困っている友達を助ける／公共の物を大切にする／周りの人に迷惑をかけない／時と場に応じたあいさつ／命を大切にする／働くことの意味を理解／美しいものに感動

「とびつくカエル」の学習では、失敗してもすぐに諦めずにコツコツと努力することが大切なんだと、主人公に自分の気持ちを重ねて考えることができました。

「およげないりすさん」の学習では、「りすさんが笑顔になれてうれしいよ、もう仲間外れはしないよ」と記述し、友達の気持ちを考えることの大切さについて意欲的に学ぶことができました。

「ぐみの木と小鳥」の学習では、りすに対する思いを話し合い、「みんなと仲良くする」と記述することができました。自分の行動を振り返り、人に優しくしたいと考えを深めることができました。

「ありがとうはだれが言う？」の学習では、登場人物の考え方を学級で話し合い、お世話になっている人に感謝の気持ちをもつことの大切さについて、自分の考えをまとめることができました。

「お年玉をもらったけれど」の学習では、「お金を使うときはよく考えて、自分と相談しながら買い物ができるようにする」と記述し、お金を大切に使うことの良さについて考えを深めました。

「つよいこころ」の学習では、「仲間はずれにしたら注意する。そうすればみんなで楽しく遊べる」と記述し、勇気を出してよいと思うことをすすんで行おうという考えを深めました。

「電車の中で」の学習では、男の人の姿を学級全体で話し合い、「親切にすると相手が喜んでくれるからすごくうれしい」と記述し、相手を思いやり、親切に接しようという考えを深めました。

「ぽんたとかんた」の学習では、「危ないから、かんたに**注意**しよう」と記述し、良いことと悪いことを区別し、自分が良いと思うことをすすんで行おうという考えに気付くことができました。

「きゅう食当番」の学習では、自分の経験に照らし合わせて、登場人物の考え方に共感しつつ、困っている友達を助けようとすることの大切さについて、自分の考えをまとめることができました。

「角がついたかいじゅう」の学習では、「人の物も自分の物と同じように大切にする」と記述し、物を大切にして生活することの良さについて自分の考えをまとめることができました。

「みんなのものって？」の学習では、「みんなが使うボールだから、かわりに片付けた方がよい」と記述し、みんなの物を大切にしようという考えを深めることができました。

「お月さまとコロ」の学習では、コロの気持ちを学級のみんなで話し合い、「自分にうそをつかないで素直に伸び伸びと生活すれば、明るくなれる」と自分なりの考えをまとめることができました。

「きつねとぶどう」の学習では、「お母さんが自分のために頑張ってぶどうをとってきてくれた」と記述し、周りの人に感謝の気持ちをもって生活することの素晴らしさを感じ取ることができました。

「ぽんたとかんた」の学習では「よくないと思ったら、はっきりと言える人になる」と記述し、正しいことをすすんで行い、周りの人に迷惑をかけずに生活しようという考えをもつことができました。

「はりきりパンダとだらだらパンダ」の学習では、「遊ぶまえに**宿題**をおわらせたい」と、自らの経験を振り返って記述し、自分のこととして考えを深めることができました。

「たかしくんもいっしょに」の学習では、「友だちがかなしむから、なかまはずれにしないようにしたい」と記述し、誰とでも仲良くしていこうとすることの良さに気付くことができました。

「金のおの」の学習では、「正直なきこりのように、うそをつかないようにしたい」と発言し、うそをつかないで素直に伸び伸びと生活しようという思いをもつことができました。

「わたしだけのかばん」の学習では、「お姉ちゃんがかばんを直してくれたから、こわさないように大切につかいたい」と、物を大事に使うことの大切さについて記述することができました。

「ぼくもがんばるよ」の学習では、「お母さんも仕事を頑張っているんだから、ぼくも皿洗いを手伝うよ」と記述し、自分も家族のためにできることがたくさんあることに気付くことができました。

「あいさつ」の学習では、ロールプレイを通して日常生活の中に多くあるあいさつを体験的に学び、時と場に応じたあいさつの素晴らしさに気付き、意欲を高めることができました。

「知らない人にも」の学習では、地域の人々など身近にいる人にあいさつをすることの良さについて考え、時と場に応じたあいさつによって、相手を喜ばせることに気付くことができました。

「よいのかな」の学習では、みんなが使うものには約束があることを知り、それらはみんなが気持ちよく安心して過ごすためにあることを自分事として考えることができました。

「大なわ大会」の学習では、仲間と協力することの意味を考え、学級でしかできないことがあることを知り、自分が学級を構成している大切な一人であることに気付くことができました。

「日本のたから富士山」の学習では、富士山が日本の宝であることを知り、そのようなものが自分の地域にもあることに触れ、そこに住んでいることを誇りに思うことができました。

「せい長かいだん」の学習では、おへそのひみつなどから生きている証しについて考え、日々の生活経験の中で生きていることの素晴らしさを感じ取ることができました。

「今のぼく、むかしのぼく」の学習では、自分の過去と現在の姿を比較し、自分にある生きる力の源が命であることを知り、自分の命を精一杯輝かせて生きていこうと思うことができました。

「いただきます」の学習では、食事のあいさつの意味について考え、自分の命は多くの食べ物の命に支えられていることを知り、自分の命が自分だけのものではないことを知ることができました。

「春がいっぱい」の学習では、自然や**動物・植物**を大事に守り育てようとする気持ちが芽生えました。季節による自然の変化に気付き、自然を守っていくことの大切さを感じ取ることができました。

「虫が大すき」の学習では、ファーブルの昆虫に対する思いについて考え、自分が自然や動植物と共に生きていることのいとおしさに気付くことができました。

「しあわせの王子」の学習では、王子とつばめの姿から美しいものや清らかなものに感動し、人の幸せのために生きるすがすがしい心について考えを深めることができました。

「雨上がりの空に」の学習では、身近な自然の美しさに触れた気持ち良さについて考え、美しいものや清らかなものに感動し、自分にもすがすがしい心があることに気付きました。

「ぶらんこ」の学習では、友達のために考えて行動するときの気持ちを考え、お互いを支え励まし、高め合える存在こそ友達であると自分の考えを深めることができました。

「ゆかみがき」の学習では、みんなのために働くことの意味や自分の成長のために働くことの意義について考え、働くことの喜びが自分にもあることに気付くことができました。

「とおるさんのゆめ」の学習では、友達と良さ見つけの活動を通して、自分の良さをたくさん見つけだし、その良さを伸ばしたり、もっと増やしたりすることの大切さを知ることができました。

「およげないりすさん」の学習では、いつも仲良くできる友達の存在について考え、友達づくりのために互いに信じ合える気持ちを積み重ねていこうとする意欲をもつことができました。

道徳科の学習では、うなずきながら友達の考えをよく聞き、道徳ノートに自分なりの考えをまとめることができました。自分をさらに良くしていこうとする意欲的な姿が多く見られました。

友達とペアやグループで積極的に話し合いに参加し、考え続けました。友達の多様な考えに触れ、自分の生き方についてより深く考えていこうとする姿勢が見られるようになりました。

道徳科の学習では、道徳的な問題を自分自身の問題として受け止め、積極的に話し合う姿が見られました。多くの友達の考えに触れ、自分の考えを広げたり深めたりすることができました。

索　引

児童の「活動内容」「活動場面」「学習内容」から検索いただけます。

執筆者一覧

●編著

小川　拓
（共栄大学准教授／元埼玉県小学校教諭）

1970年、東京都生まれ。私立、埼玉県公立学校教諭・主幹教諭を経て、2015年度より共栄大学教育学部准教授。2007年度から埼玉県内の若手教職員を集めた教育職人技伝道塾「ぷらすわん塾」、2015年より「OGA研修会」（教師即戦力養成講座）等にて、若手指導に当たっている。主な図書に『効果2倍の学級づくり』『できてるつもりの学級経営9つの改善ポイント―ビフォー・アフター方式でよくわかる』『子どもが伸びるポジティブ通知表所見文例集』（いずれも学事出版）他がある。

●文例執筆者（50音順）

井上　　勉（神奈川県横浜市立東台小学校）

井上　博子（埼玉県入間市立狭山小学校教頭）

岩川みやび（共栄大学教育学部准教授）

大澤　　龍（埼玉県和光市立第五小学校）

小畑　康彦（埼玉県さいたま市立大成小学校教頭）

髙橋　健太（在ロシア日本大使館附属モスクワ日本人学校）

髙橋　美穂（埼玉県上尾市立大谷小学校）

竹井　秀文（愛知県名古屋市立楠小学校）

千守　泰貴（静岡県東伊豆町立稲取小学校）

中山　英昭（埼玉県上尾市立東小学校主幹教諭）

原口　一明（元埼玉県公立小学校校長）

船見　祐幾（埼玉県さいたま市立栄小学校）

細野亜希子（埼玉県上尾市立西小学校）

溝口　静江（元神奈川県公立小学校主幹教諭）

※所属は2023年1月現在のものです。

●企画・編集

佐藤 明彦（株式会社コンテクスト代表取締役、教育ジャーナリスト）

新版 子どもが伸びるポジティブ通知表所見文例集
小学校2年

2023年4月1日　新版第1刷発行

編　者　　小川　拓
　　　　　おがわ　ひろし

発行人　　安部　英行
発行所　　学事出版株式会社
　　　　　〒101-0051　東京都千代田区神田神保町1 -2 -5
　　　　　電話　03-3518-9655
　　　　　HP アドレス https://www.gakuji.co.jp

制作協力　株式会社コンテクスト
印刷·製本　精文堂印刷株式会社

©Hiroshi Ogawa, 2023

落丁·乱丁本はお取り替えします。
ISBN978-4-7619-2900-8 C3037 Printed in Japan